AF306320

ALPHABET FRANÇOIS,

enrichi d'un vocabulaire & des dialogues les plus faciles ;

à l'usage de la Jeunesse Russe.

NOUVELLE EDITION,

Revue, corrigée & augmentée en beaucoup d'endroits.

A St. Pétersbourg,

De l'Imprimerie de l'Académie des Sciences.

MDCCLXXIII.

* * *

Non funt contemnenda quafi parva, fine quibus magna conftare non poffunt.

S. H I E R O N Y M U S, Epift. ad Laetam.

Il ne faut pas méprifer comme bagatelles, les peti-tes chofes fans lesquelles les grandes ne fauroient fubfifter.

S. J'EROME, Epître à Laeta.

ALPHABET

ET

SYLLABAIRE FRANÇOIS.

Il y a vingt - quatre Lettres dans l'Alphabet François, savoir :

Les gros Caractéres

ou

Lettres majuscules:

A B. C. D. E. F. G. H.
I. J. L. M. N. O. P. Q. R.
S. T. U. V. X. Y. Z.

Les petits Caractéres:

a. b. c. d. e. f. ff. g. h. i.
j. l. m. n. o. p. q. r. s. f.
ff. t. u. v. x. y. z.

A 2   *Les*

Les lettres se divisent en voyelles & en consonnes.

Les voyelles font :

a. e. i. o. u. y grec.

Les consonnes font :

b. c. d. f. g. h. j. l. m. n. p. q.
r. s. f. t. v. x. z.

Le k & le w ne font en usage chez les
François que pour les mots étrangers, comme :
Kiel, Königsberg, Kent, Wibourg, la *Wolga,*
la *Westphalie, Waldeck,* &c.

Syllabes de deux lettres.

Ba	be	bé	bi	bo	bu
Ca	ce	cé	ci	co	cu
Da	de	dé	di	do	du
Fa	fe	fé	fi	fo	fu
Ga	ge	gé	gi	go	gu
Ha	he	hé	hi	ho	hu
Ja	je	jé	ji	jo	ju
La	le	lé	li	lo	lu
Ma	me	mé	mi	mo	mu

Na	ne	né	ni	no	nu
Pa	pe	pé	pi	po	pu
Ra	re	ré	ri	ro	ru
Sa	ſe	ſé	ſi	ſo	ſu
Ta	te	té	ti	to	tu
Va	ve	vé	vi	vo	vu
Xa	xe	xé	xi	xo	xu
Za	ze	zé	zi	zo	zu

Syllabes de trois lettres.

Bla	ble	blé	bli	blo	blu
Bra	bre	bré	bri	bro	bru
Cha	che	ché	chi	cho	chu
Cla	cle	clé	cli	clo	clu
Cra	cre	cré	cri	cro	cru
Dra	dre	dré	dri	dro	dru
Fla	fle	flé	fli	flo	flu
Fra	fre	fré	fri	fro	fru
Gla	gle	glé	gli	glo	glu
Gna	gne	gné	gni	gno	gnu
Gra	gre	gré	gri	gro	gru
Gua	gue	gué	gui	guo	guu
Mna	mne	mné	mni	mno	mnu
Pha	phe	phé	phi	pho	phu
Pla	ple	plé	pli	plo	plu

Pra

Pra	pre	pré	pri	pro	pru
Pſa	pſe	pſé	pſi	pſo	pſu
Qua	que	qué	qui	quo	quu
Rha	rhe	rhé	rhi	rho	rhu
Sba	ſbe	ſbé	ſbi	ſbo	ſbu
Sca	ſce	ſcé	ſci	ſco	ſcu
Spa	ſpe	ſpé	ſpi	ſpo	ſpu
Sta	ſte	ſté	ſti	ſto	ſtu
Tha	the	thé	thi	tho	thu
Tla	tle	tlé	tli	tlo	tlu
Tra	tre	tré	tri	tro	tru
Vra	vre	vré	vri	vro	vru

Autres ſyllabes de trois lettres.

Acs	ecs	ics	ols	ucs
Sacs	*becs*	*tics*	*vols*	*ducs*
Act	ect	ids	oph	uds
Exact	*correct*	*nids*	*philoſophe*	*nuds*
Alc	efs	ifs	oqs	uls
Talc	*chefs*	*des ifs*	*coqs*	*calculs*
Apt	eph	ils	orc	ulte
Rapt	*joſéph*	*fils*	*porc*	*adulte*
Arc	eps	iſc	ord	urs
Marc	*ceps*	*fiſc*	*bord*	*murs*
Ard	erd	irs	ort	uſe
Fard	*verd*	*deſirs*	*fort*	*muſe*

Art

Art	eſt	its	oth	uts
Un art	*le vent d'eſt frits*		*goth*	*buts*
Amp	anc	and	ang	ant
Champ	*banc*	*grand*	*rang*	*enfant*
End	ens	ent	inq	ins
Il rend	*encens*	*vent*	*cinq*	*fins*
Int	oms	onc	ond	ong
Il vint	*noms*	*jonc*	*rond*	*long*
Ums	uns	unt		
Parfums,	*les uns*	*défunt*		

Voyelles compoſées.

Ae	ai	ao	au	ea
Caen	*j'ai*	*Laon*	*fau*	*jugea*
Ei	ey	eo	eu	oi
Pleine	*le Bey*	*geolier*	*feu*	*oignon, foible*
Ua	ue	ui	uo	un
Qualité	*querele*	*vuide,*	*quotité*	*quelqu'un*
Eoi	oeu	eai	eau	eue
Gageois	*voeu*	*geai*	*beau*	*bleue*
Oie	eoie	ou	oue	aou
Une oie	*jugéoient*	*fou*	*roue*	*le mois d'août*

AE *n'eſt plus d'uſage dans la langue fran-*
çoiſe, & œ *ne ſe trouve guére que dans* oeuf,
oeuvre, oeil, moeurs, &c. *Pluſieurs n'écri-*

vent

vent déjà plus que par une é, économe &
fes derivés. Voyez la Méthode nouvelle pour
apprendre à lire. Paris 1755.

Syllabes compofées de voyelles.

Aid	air	ais	ait	aix
Laid	*pair*	*un ais*	*fuit*	*faix*
Auf	aut	aux	eat	eut
Sauf	*vaut*	*faux*	*jugeât,*	*il pleut*
Euf	oeufs	eul	eur	oeur
Veuf	*des oeufs*	*feul*	*peur*	*coeur*
Eux	aon	aim	ain	ean
Deux	*paon*	*faim*	*pain*	*jean*
Ein	eign	eint	eon	eun
Plein	*feign*	*ceint*	*pigeon*	*à jeun*
Oul	eau	oud	ouc	oues
Le pouls	*beau*	*cloud*	*bouc*	*joues*
Ouf	oug	oup	ours	oux
Pouf	*joug*	*loup*	*jours*	*doux*

Syllabes de quatre, cinq & fix lettres.

Blanc	bled	brins	bloc	boeuf	brut
Clar	clerc	Chrift	choc	corps	crue
Dact	Delft	diph	dont	dort	ducs
Faon	frais	fils	fort	fleurs	faux

Grand

Grand	grec	gril	goths	guet	gaul
Gai	geai	g in	geons	gueur	gueux
Haut	hier	hies	hors	heur	hues
Jean	j'eus	j'ins-	j'obs-	jonc	jeun
Lacs	laids	legs	l'hom-	long	lynx
Meaux	Metz	mies	mont	mort	moeufs
Nard	nerfs	nirs	noms	noeuds	nues
Plaids	phleg-	phthi-	plomb	prompt	pleurs
Quand	quels	quées	quint	qu'on	qu'un
Raph-	Rheims	reins	Rhin	Roch	ryth-
Salm	feps	fcies	feing	fort	feul
Scan	fcel	fchis-	fphinx	ftyx	fculp-
Tact	temps	tinct	tzar	taon	turcs
Veaux	verds	vingt	voeux	vorms	vues
Xant	xain-	zift	zeft	zou	zoph
Août	bourgs	coups	goût	glou	houx
Joues	jougs	lourds	loups	moux	nous
Pou	foul	fourds	Toul	Tours	vous

Diphtongues.

Ia	ié	io	oa	oë
Liard	*chatié* ,	*fiole*	*Roane*	*poéle*
Oi	ua	ue	ui	eoi
Roi	*aquatique*	*équeftre*	*lui*	*feoir*
Iai	iau	ieu	ioi	iou
Biais	*miauler*	*lieu*	*étudioit*	*chiourme*

Oie

Oie	oua	oué	oui	uie
Voie	*ouate*	*gouêtre*	*oui*	*ſuie*
Yeu	ieue	ioie	ouai	il
Yeux	*lieue*	*étudioient*	*ouais*	*exil*

Syllabes de diphtongues.

Iac	iar	ief	iel	ier
Gaïac	*milliart*	*fief*	*fiel*	*biére*
Iez	yo	oéf	oet	oif
Liſiez	*york*	*coëffe*	*boëte*	*ſoif*
Oil	oir	ois	oit	oix
Poil	*voir*	*pois*	*voit*	*voix*
Uel	uif	uil	uir	uit
Ecuelle	*juif*	*aiguille*	*fuir*	*cuit*
Ieur	ian	ien	ion	oin
Sieur	*viande*	*Etienne*	*léſion*	*coin*
Uin	ouan	ouen	ouin	ouein
Juin	*jouant*	*Rouen*	*fouine*	*S. ouein*
Ail	eil	oail	ouail	ieil
L'ail	*treille*	*joaillier*	*une ouaille*	*vieille*
Oeil	euil	ueil	uil	ouil
L'oeil	*deuil*	*écueil*	*cuiller*	*bouille*

Autres syllabes de diphtongues.

Bail	biais	biens	-beils	boët-	buis
Cail	coëf-	* cueil	cheoir	cuirs	ouen
Dia-	Dieux	* deuil	doigts	d'hui	douan-
Fouail	fiel	* feuil	fruits	fouet	fouil-
Goua	guier	* gueil	grouin	gueux	gouet
Hail	hiéb-	huil-	huit	hoirs	houſt-
Joail	joie	juifs	juin	joint	joar-
Liards	* l'oeil	lieux	loin	lui	loir
Mail	moël-	muids	mienne	moir	mouil-
Niacs	niais	nuits	noirs	noail-	noix
Pail	pieds	poës-	pluie	poing	poail-
Qu'ail	quiet	quir	qu'oui	qu'in	rouille
Rail	Rouen	riez,	rieux	rouil-	rouet
Sail	ſien	ſuie	ſieur	ſoif	ſouil-
Touail-	tiens	truie	Troies	Troyes	-thieu
Uian-	vies	vieil	vieux	vois	-vions

** Les mots en* ueil *&* en oeil *ſe prononcent* euil *dans* deuil , feuille , *& ſemblables.*

Accens & autres figures de la Prononciation & de la ponctuation.

L'*e* muet ne ſe prononce preſque pas & ne prend point d'accent, par ex :

lire,

lire, faire, croire, ils difent, ils rient, ils jouoient, ils danfoient, ils jurent, ils grondent.

S'il fe prononce aigu ou fermé, il prend l'accent aigu (é):

fon aigu { l'amitié, la moitié, lié, etudié. logé, relegué, foigné, éveillé, marque, paye, effuyé, varié, parié.

fon fermé { aimé, révcré, la bonté, la vérité, le fléau, le néant, Creius, Thefee, Théologien, Defpreaux, Mr. de Réaumur, St. Real, affurément.

S'il a le fon ouvert à la fin d'un mot & qu'il foit accompagné d'une *s*, il prend l'accent grave (`):

près, auprès, le fuccès, le procès, l'accès, dès, *prépofition* ou *conjonction*, le recès, le profès, maitre-ès-arts, très-, *adverbe*.

C'eft là le feul cas où il foit permis d'employer l'accent grave fur l'*e*. Ceux qui le mettent indiftinctement fur tous les *e* qui leur femblent ouverts; le font ou par habitude ou par imitation & fûrement fans la moindre connoiffance des principes de l'orthographe.

L'ac-

L'accent circonflexe (^) fe met fur toutes les voyelles longues dans la prononciation , par ex :

l'âge l'âne, le plâtre, une marâtre, rou-
geâtre , blanchâtre, un bât, qu'il allât
nous allâmes , vous allâtes , la tête, la
fête, la fenêtre, un prêtre, la forêt, un
benêt, une huître, le pupitre, nous vî-
mes, vous vîtes. nous fîmes, vous fûtes,
nous vînmes , vous vîntes , le dôme , le
Rhône, un impôt, un drôle, une drô-
lerie, le faîte , paître, naître, paroître,
connoître, afin qu'il vît, qu'il crût, qu'il
confeffât, même, le fyftême, le baptême,
le fût , le rhume , le jeûne &c.

L'o dans *nôtre* & *vôtre*, ne prend pas le
circonflexe quand ces pronoms font conjonctifs,
c'eft-à dire placés avant le fubftantif :

Notre maifon eft agréablement fituée.
Mr. votre pére eft-il de retour ?

Mais fi ces pronoms font abfolus, c'eft-
à-dire placés après le fubftantif, ou fimplement accompagnés des articles *le la les*, *l'o*
devenant long prendra l'accent :

Voici mon chapeau , & voilà le vôtre.

Si vous n'avez point votre caroffe, fervez-vous du nôtre.

Lorfqu'un *c* devant un *a*, un *o* ou un *u* doit fe prononcer comme une *f*, on lui fait au-deffous un petit crochet ou *c* retourné, en cette façon (ç), qu'on appelle *cédille* : Exemples : *il avança, garçon, conçu,* &c.

Les deux points écrits horizontalement en cette façon (̈) fur un *ë*, un *ï* ou un *ü* s'appellent diéréfe, & marquent que la voyelle fur laquelle elle eft, ne fait pas une même fyllabe ou un même fon avec la voyelle qui la précéde ou qui la fuit : Ex. poëte, haïr, Saül, ïota.

L'apoftrophe (l') prend la place de la voyelle que l'on retranche des dix monofyllabes fuivans, mis devant des mots qui commencent par une voyelle ou par une h muette :

le, la, de, je, me, te, fe, ce, que, ne.

Par. ex : l'âge, l'homme, l'épée, l'heure, d'abord, aujourd'hui, j'ai, j'irai, il m'aime, on m'entend, je t'aime, elle s'endort, c'eft moi, c'en eft fait, qu'il aille, qu'elle vienne, n'importe.

Si,

Si, devant *il*, *ils* : s'il lifoit, s'ils **y vont**.

Jufque, fans *s* : jufqu'ici, jufqu'à demain.

Quelque, devant *un*, *une* : quelqu'un, quelqu'une.

Grande, devant quelques mots qui commencent par une confonne, pour en rendre la prononciation plus douce : la grand'falle, ma grand'mére, la grand'meffe, la grand'garde, j'ai grand'peur, c'eft grand'pitié, à grand'peine, &c.

Entre, dans entr'acte, entr'eux, entr'elles, entr'autres.

Huit & *onze* ne fouffrent point d'apoftrophe : le huit, le huitiéme, le onze, le onziéme.

On fe fert du *Trait d'union* (-) ou du *Tiret* pour joindre deux ou trois mots qui n'expriment qu'une même chofe, & pour marquer la tranfpofition du Pronom perfonnel après fon Verbe dans l'interrogation. Par ex:

le Grand-Duc, le Général-Feld-Marêchal, le paffe-par-tout, fans-ceffe, par-conféquent, Jéfus-Chrift, très-humblement, très-bien.

Dois-je ? irai-je ? où allez-vous ? que dit-il ? que fait-elle ? y eft-il ? dînerons

nerons-nous bientôt ? ont-ils joué ? que font-elles ? Dites-moi, racontez-nous, allez-y ; mangez-en, &c.

Si le Verbe finit en *a* ou en *e* muet, on met un *t* entre le Verbe & le Pronom, séparé par deux tirets :

a-t-il fait ? où va-t-elle ? jouera-t-on ? joue-t-elle ? de quoi parle-t-on ? vas-t'en.

A l'égard de la Ponctuation, on met la *Virgule* (,) pour séparer des mots qui font fous le même régime, quand le nominatif est répété, ou que la conjonction & coupe le fens. Par ex :

Il a vendu fon palais, fes équipages, fa maifon de campagne, & tout ce que fa femme lui avoit apporté en mariage.

Un homme qui n'eft pas riche, qui a fait une grande fortune, s'il n'a beaucoup d'efprit, devient fier & méprifant.

Les foins continuels appéfantiffent l'efprit, & lui ôtent fa vivacité.

On met le *Point-virgule* (;) quand la phrafe fuivante dépend de la précédente pour le régime. Par ex :

Le

Le livre du Philofophe, c'eſt la Nature; ſon patrimoine, c'eſt la vertu; ſa patrie, c'eſt la Terre; ſes favoris, ſont ſes envieux; ſon ennemi, c'eſt le vice; ſes Tréſoriers, ſont les indigens.

On met *les deux Points* (:) quand la phraſe ſuivante ne dépend de la précédente que pour le ſens. Par ex :

Les termes ſuperflus ne contribuent guére à embellir l'expreſſion : ils l'embarraſſent, & la rendent obſcure : ce ſont des écueils où donnent certaines gens qui ont l'imagination trop feconde.

On met le *Point* (.) quand toutes les parties de la Période forment un ſens complet. Par ex :

Dans la vie on a mille déſagrémens à eſſuyer : Pertes, chagrins, langueurs, & ſouvent des diſgraces inopinées; tout nous convainque qu'il n'y a de vrai bonheur à eſpérer que dans l'autre vie.

Le *Point interrogant* ſe fait ainſi (?) Que ſouhaitez-vous ? Fait-il beau tems ?

Le

Le Point admiratif ou exclamatif (!):
ô tems ! ô moeurs ! Que de riches n'a - t - il
point diſſipées !

La Parenthéſe ſe met entre deux virgu-
les quand elle eſt courte, & entre deux cro-
chets ( ) quand elle eſt longue.

Pour concluſion, Monſr. (car il eſt bien
tems de finir) je me borne à vous dire
que je ſuis &c.

REMARQUES

ſur quelques points d'Orthographe.

C'eſt une grande faute que d'écrire par
és la finale de la ſeconde perſonne du plurier
des Verbes : par ex : vous *avés* vous *aviés*
vous *étiés*, *croyés* &c. pour vous *avez* vous
aviez, vous *étiez*, *croyez* &c. L'*s* n'eſt affe-
ctée qu'aux parties déclinables, comme le
ſubſtantif & le participe, pour en marquer
ſimplement le nombre plurier & rien plus :
Au-contraire le *z* eſt conſtamment affecté aux
verbes pour fixer le ſon de l'*e* final & di-
ſtinguer

ftinguer par-là le verbe de fon participe &
du nom.

Il ne faut pas non plus écrire: *il avait,
il était, ils avaient, ils étaient*, ni *Anglais,
Français* &c. pour *il avoit, il étoit, ils a-
voient, ils étoient, François, Anglois* &c. Outre
que cette nouveauté ferviroit à introduire
une prononciation arbitraire & fauffe, elle
eft abfolument contraire au principe d'ana-
logie, qui veut que les diphtongues *oi* & *ai*
fuivent la dérivation des mots auxquels elles
appartiennent.

On peut retrancher l'*y* grec des mots,
où il s'écrit fans principe ; mais il eft né-
ceffaire de l'employer dans les cas, où il tient
la place de deux *ii*, par ex., *joyeux, Roy-
aume, pays, payfan.* De fubftituer dans ce
cas un fimple *i* ou un *ï* tréma, c'eft em-
brouiller la prononciation.

L'*ï* tréma doit néceffairement s'employer
dans le cas où il ne fait pas fyllabe avec la
voyelle qui le précéde, par ex : *païen, aïeul,
bifaïeul camaïeu,* &c.

<table><tr><td>B 2</td><td>LECTU-</td></tr></table>

LECTURES EN FRANÇOIS.

L'O-raiſ-on ,   Do - mi - ni - ca - le.

No-tre, Pé-re, qui, ê-tes, aux, cieux, vo-tre , nom , ſoit, ſan-cti-fi-é; vo-tre, re-gne, vien-ne; vo-tre, vo-lon-té, ſoit, fai-te, ſur, la ter-re, com-me, au, ciel : Don-nez-nous, au-jour-d'hui , no-tre , pain , quo-ti-dien; par-don-nez-nous , nos, of-fen-ſes, com-me, nous, par-don-nons, à, ceux, qui, nous, ont, of-fen-ſés: Et, ne, nous, laiſ-ſez, point, ſuccomber en, ten-ta-ti-on; mais , dé-li-vrez-nous, du-mal. Ain-ſi, ſoit-il.

Отче нашъ, иже еси на небесѣхъ , да святится имя твое, да пріидетъ царствіе твое, да будетъ воля твоя , яко на небеси и на земли, хлѣбъ нашъ насущный даждь намъ днесь, и остави намъ долги наша, якоже и мы оставляемъ должникомъ нашимъ , и не введи насъ во искушеніе, но избави насъ отъ лукаваго.

La , Sa·lu·ta·ti·on , An-ge-li-que , à , la , très Sain-te , Vier-ge , Ma-ri-e.	Поздравленїе Ангельское ко пречистой дѣвѣ Богородицѣ.

Je , vous , fa-lue , Ma-ri-e , plei-ne, de , gra-ce , le , fei-gneur, eft, avec, vous; vous , ê-tes, be-ni-te, en-tre , tou-tes , les, fem-mes , & , benit , foit, le , fruit, de , vo-tre , ven-tre , ay-ant , mis , au , mon-de , le, fau-veur , de, nos , a-mes.	Богородице дѣво радуйся , благодатная Марїе, Господь съ тобою, благословенна ты въ женахъ и благословенъ плодъ чрева твоего, яко Спаса родила еси душъ нашихъ.

Symbole de la Foi orthodoxe.	Сѵмволъ православныя вѣры.

Je crois en un feul Dieu le pére tout puiffant , créateur du ciel & de la terre & de toutes chofes vifibles &	Вѣрую во-единаго Бога Отца вседержителя, Творца небу и землѝ, видимымъ же всѣмъ и не-

invi-

invifibles; & en Jéfus-
Chrift, notre Seigneur,
fils unique de Dieu, né
du pére avant tous les
fiécles ; Lumiére de
la lumiére , vrai Dieu
fils du vrai Dieu , en-
gendré & non fait, con-
fubftantiel au pére, &
par qui toutes chofes
ont été faites; qui eft
defcendu du ciel pour
notre falut, a été conçu
du St. Efprit, & eft né
de la Vierge Marie ;
qui a été crucifié pour
nous fous Ponce Pilate,
a fouffert , a été enfe-
veli , & eft reffufcité le
troifiéme jour felon les
Ecritures ; il eft mon-
té au ciel , eft affis à
la droite du pére, &
reviendra avec gloire
juger les vivans & les
morts , & fon régne

видимымъ. И во еди-
наго Господа Іису-
са Хрїста , Сына Бо-
жїя , единороднаго ,
иже отъ Отца рож-
деннаго прежде всѣхъ
вѣкъ. Свѣта отъ свѣ-
та , Бога истинна
отъ Бога истинна ,
рожденна , не сотво-
ренна , единосущна
Отцу, имже вся бы-
ша. Насъ ради чело-
вѣкъ , и нашего ради
спасенїя , сшедшаго
съ небесъ , и вопло-
шившагося отъ Духа
свята, и Марїи дѣвы,
и вочеловѣчшася.
Распятаго же за ны
при Понтїйстѣмъ
Пилатѣ, и страдав-
ша , и погребенна , и
воскресшаго въ тре-
тїй день по писа-
нїемъ. И возшедшаго
на небеса , и сѣдяща
п'аига

n'aura point de fin. Je crois au Saint Efprit, le feigneur vivifiant, qui procéde du pére, qui eft adoré & glorifié avec le pére & le fils, & qui a parlé par les Prophetes. Je crois une fainte Eglife univerfelle & apoftolique. Je crois un faint Batême pour la remiffion des péchés; & j'attends la réfurrection des morts, & la vie éternelle. Ainfi foit-il.

одеснꙋю Ѻтца. И паки грѧдꙋщаго со славою сꙋдити живымъ и мертвымъ, его же царствїю не бꙋдетъ конца. И въ Дꙋха Свѧтаго Господа, животворѧщаго, иже отъ Ѻтца исходѧщаго, иже со Ѻтцемъ и Сыномъ споклонѧема, и славима, глаголавшаго Пророки. Во единꙋ свѧтꙋю, соборнꙋю и Апостольскꙋю церьковь. Исповѣдꙋю едино крещенїе во оставленїе грѣховъ. Чаю воскресенїѧ мертвыхъ, и жизни бꙋдꙋщаго вѣка, аминь.

Pfaume 50.

Псаломъ 50.

O Dieu! aie pitié de moi felon ta gra-

Помилꙋй мѧ Боже, по велицѣй ми-

tuité;

tuité, felon la gran-
deur de tes compaffions
efface mes forfaits. La-
ve - moi parfaitement
de mon iniquité, &
me nettoie de mon pe-
ché. Car je connois
mes transgreffions, &
mon péché eft conti-
nuellement devant moi.
J'ai péché contre toi,
contre toi proprement,
& j'ai fait ce qui dé-
plait à tes yeux : afin
que tu fois connu jufte
quand tu parles, &
trouvé pur quand tu
juges. Voilà, j'ai été
formé dans l'iniquité,
& ma mére m'a conçu
dans le péché. Voilà,
tu aimes la vérité dans
le coeur, & tu m'as
enfeigné la fageffe dans
le fecret de mon ame.
Purifie-moi du péché

лости твоей, и по
множеству щедротъ
твоихъ очисти без-
законїе мое. Наипаче
омый мя отъ безза-
конїя моего, и отъ
грѣха моего очисти
мя. Яко беззаконїе
мое азъ знаю, и грѣхъ
мой предо мною есть
выну. Тебѣ единому
согрѣшихъ, и лука-
вое предъ тобою со-
творихъ. Яко да о-
провдишися во слове-
сѣхъ твоихъ, и по-
бѣдиши, внегда су-
дити ти. Се бо въ
беззаконїихъ зачатъ
есмь, и во грѣсѣхъ
роди мя мати моя.
Се бо истинну воз-
любилъ еси, без-
вѣстная и тайная
премудрости твоея
явилъ ми еси. Окро-

avec de l'hyſope, & je
ferai net; lave-moi, &
je ferai plus blanc que
la neige. Fais-moi en-
tendre la joie & l'alé-
greſſe , & fais que les
os que tu as briſés ſe
réjouiſſent. Détourne
ta face de mes péchés,
& efface toutes mes ini-
quités. O Dieu crée
en moi un coeur net,
& renouvelle au-dedans
de moi un eſprit de
pureté. Ne me rejette
point de devant ta face,
& ne m'ôte point l'eſ-
prit de ta ſainteté,
Rends-moi la joie de
ton ſalut , & que
l'eſprit d'alégreſſe me
ſoutienne. J'enſeigne-
rai tes voies aux trans-
greſſeurs , & les pé-
cheurs ſe convertiront
à toi. O Dieu! Dieu

пиши мя ѵссопомъ ,
и очищуся: омыеши
мя , и паче снѣга у-
бѣлюся. Слуху мое-
му даси радость и
веселіе, возрадуютс-
ся кости смиренныя.
Отврати лице твое
отъ грѣхъ моихъ, и
вся беззаконїя моя
очисти. Сердце чи-
сто созижди во мнѣ
Боже , и духъ правъ
обнови во утробѣ
моей. Не отвержи
мене отъ лица тво-
его , и Духа твоего
Святаго не отъими
отъ мене. Воздаждь
ми радость спасенїя
твоего , и духомъ
владычнымъ утвер-
ди мя. Научу безза-
конныя путемъ тво-
имъ, и нечестивїи къ
тебѣ обратятся. Из-

de

de mon salut, délivre-moi de sang, & ma langue chantera hautement ta justice. Seigneur, ouvre mes lèvres, & ma bouche annoncera ta louange. Car tu ne prens point plaisir aux sacrifices, sans quoi je t'en offrirois, & l'holocauste ne t'est point agréable. Les sacrifices agréables à Dieu, sont l'esprit froissé. O Dieu! tu ne méprises point le coeur froisse & brisé. Fais du bien selon ta bienveillance à Sion, & édifie les murs de Jérusalem. Alors tu prendras plaisir aux sacrifices de justice, à l'holocauste, & aux sacrifices qui se consument entiérement par le feu; alors on offrira des veaux sur ton autel.

бави мя отъ кровей, Боже, Боже спасенія моего; возрадуется языкъ мой правдѣ твоей. Господи устнѣ мои отверзеши, и уста моя возвѣстятъ хвалу твою. Яко аще бы восхотѣлъ еси жертвы, далъ быхъ убо: всесожженія не благоволиши. Жертва Богу духъ сокрушенъ, сердце сокрушенно, и смиренно Богъ не уничижитъ. Ублажи Господи благоволенïемъ твоимъ Сïона, и да созиждутся стѣны Іерусалимскïя. Тогда благоволиши жертву правды, возношенïе, и всесожигаемая. Тогда возложатъ на олтарь твой тельцы.

LE DECALOGUE, OU LES DIX COMMANDEMENS DE DIEU.

ДЕСЯТОСЛОВІЕ.

1.

Ecoute, Ifraël : Je fuis le Seigneur ton Dieu, qui t'ai retiré du pays d'Egypte & de la maifon de fervitude; Tu n'auras point d'autres Dieux devant ma face.

Азъ есмь Господь Богъ твой, изведый тя отъ земли Египетскія, отъ дому работы. Не будутъ тебѣ бози инїи, развѣ мене.

2.

Tu ne te feras aucune image, ni reffemblance des chofes qui font là haut au ciel, ni ici bas fur la terre, ni dans les eaux qui font fous la terre; tu ne les adoreras point, & tu ne les ferviras point.

Не сотвориши себѣ кумира, и всякаго подобїя, елика на небеси горѣ, и елика на земли низу, и елика въ водахъ подъ землею, не поклонишися имъ, ниже послужиши имъ.

3.

Tu ne prendras point le nom du Seigneur ton

Не возмеши имене Господа Бога твоего

Dieu

Dieu en vain: Car Dieu ne regardera point comme innocent celui qui aura pris son nom en vain.

всуе. Не очиститъ бо Господь прїемлющихъ имя его всуе.

4.

Souviens-toi de sanctifier le jour du sabbat.

Помни день субботный святити его.

5.

Honore ton pére & ta mére, afin que tu sois heureux, & que tu vives long-tems sur ta terre, que le Seigneur ton Dieu t'a donnée.

Чти отца твоего, и матерь твою, да благо тебѣ будетъ, и да долголѣшенъ будеши на зимлѝ: юже Господь Богъ твой даде тебѣ.

6.

Tu ne tueras point.

Не убїеши.

7.

Tu ne commettras point d'adultére.

Не прелюбы сотвориши.

8.

Tu ne déroberas point.

Не украдеши.

9.

Tu ne diras point de faux témoignage contre ton prochain.

Не воспослушествуеши на ближняго твоего свидѣтельства ложна.

10.

Tu ne convoiteras point la femme de ton prochain ; tu ne defireras point la maifon de ton prochain, ni fon village, ni fon ferviteur , ni fa fervante , ni fon boeuf, ni fon âne , ni aucun de fes beftiaux , ni rien de ce que ton prochain pofféde.

Не возжелаеши жены ближняго твоего , не возжелаеши дому ближняго твоего , ни села его , ни отрока его , ни отроковицы его, ни вола его , ни осляте его , ни всякаго скота его , нижѐ елика суть ближняго твоего.

Priére du matin.

Молитва утренняя.

A mon reveil je vous rends grace, fainte Trinité, de ce que par votre grande bonté &

Отъ сна воставъ, благодарю тя святая Троице, яко многія ради твоея

votre

votre patience vous ne vous êtes pas irritée contre moi qui suis un pauvre pécheur , & que vous ne m'ayiez pas perdu avec mes péchés; mais de ce que vous avez usé de votre clémence ordinaire en me faisant voir la lumiére de ce jour, pour glorifier votre Majesté: Eclairez donc les yeux de mon entendement, ouvrez ma bouche pour que j'apprenne vos paroles, que je comprenne vos commandemens & que je fasse votre volonté, pour que je chante vos louanges par la confession de mon coeur & que je loue maintenant & à jamais & dans les siécles des siécles le saint nom du

благости, и долготерпѣнїя, не прогнѣвался еси на мя лѣниваго и грѣшнаго, ниже погубилъ мя еси со беззаконїями моими: но человѣколюбствовалъ еси обычно, и въ нечаянїи лежащаго воздвиглъ мя еси, воеже утренневати, и славословити державу твою, и нынѣ просвѣти мои очи мысленныя, отверзи моя уста, поучатися словесемъ твоимъ, и разумѣти заповѣди твоя, и творити волю твою, и пѣти тя во исповѣданїи сердечнѣмъ, и воспѣвати всесвятое имя твое, Отца, и Сына, и Святаго Духа, ны-

Pére, du Fils & du Saint Eſprit. Ainſi ſoit-il.	нѣ и присно, и во вѣки вѣковъ, аминь.

Priére du ſoir.	*Молитва вечерняя.*

Seigneur mon Dieu, trouverai-je mon tombeau dans ce lit, ou me ferez-vous encore voir le jour ? Voici le ſépulchre devant moi, & la mort eſt à mes côtés : Je crains, ô mon Dieu, votre jugement & les peines éternelles des méchans, & cependant je ne ceſſe de pécher. Je vous offenſe, ô mon Dieu, vous & votre très-ſainte mére, & toute l'armée céleſte & mon ſaint ange gardien. Je ſais donc, ô mon ſeigneur, que je ne ſuis pas digne de votre miſéricorde, mais

Владыко человѣколюбче, не уже ли мнѣ одръ сей гробъ будетъ : или еще окаянную мою душу просвѣтиши днемъ : се ми гробъ предлежитъ; се ми смерть предстоитъ. Суда твоего, Господи, боюся, и муки безконечныя, злое же творя не престаю, тебе Господа Бога моего всегда прогнѣвляю, и пречистую твою Матерь, и вся небесныя силы, и святаго Ангела хранителя моего. Вѣмъ убо, Господи, яко не

que

que je mérite la con-
damnation & l'enfer.
Daignez cependant me
sauver, que je le veuille,
ou que je ne le veuille
pas; car si vous ne sau-
vez que le juste, il n'y
a rien d'étonnant; si
vous n'avez pitié que
de celui qui est pur, il
n'y a rien de surpre-
nant, ils sont dignes
de votre clémence. Fai-
tes au-contraire, que
tout l'univers admire
votre miséricorde en
moi, qui suis un mi-
sérable pécheur: faites
éclater par-là votre
bonté, & que ma ma-
lice ne surpasse point
votre clémence & vo-
tre miséricorde infinie,
& conduisez-moi selon
votre volonté.

достоинъ есмь чело-
вѣколюбїя твоего,
но достоинъ есмь
всякаго осужденїя и
муки. Но Господи,
или хощу или не
хощу, спаси мя: аще
бо праведника спасе-
ши, ничтоже велїе,
и аще чистаго по-
милуеши, ничтоже
дивно, достойни бо
суть милости твое-
ея: но на мнѣ грѣ-
шнѣмъ удиви ми-
лость твою, и о семъ
яви человѣколюбїе
твое, да не одолѣетъ
моя злоба твоей не-
изглаголанной бла-
гости, и милосер-
дїя, и якоже хоще-
ши, устрой о мнѣ
вещь.

Abréviations en françois.

N. S. fignifie :	Notre Seigneur *ou* Sauveur.
J. C.	Jéfus-Chrift.
S. Ste. SS.	Saint, Sainte, Saints.
Pf. *ou* Pfeau.	Pfeaume.
Ant.	Antienne.
C. ch. *ou* chap.	Chapître.
V. vers.	Verfet.
R. *ou* Rép.	Réponfe.
Ep. *ou* Epît.	Epître.
Ev. *ou* Evang.	Evangile.
M. MM.	Monfieur, Meffieurs.
Me. Mre.	Maître, Meffire.
Mme. Mle,	Madame, Mademoifelle.
S. M. V. M.	Sa Majefté, Votre Majefté.
S. M. I.	Sa Majefté Impériale.
V. M. I.	Votre Majefté Impériale.
Mgr. Le G. D.	Monfeigneur le Grand-Duc.
S. A. I.	Son Alteffe Impériale.
V. A. I.	Votre Alteffe Impériale.
S. A. R.	Son Alteffe Royale.
V. A. R.	Votre Alteffe Royale.
S. A. S.	Son Alteffe Séréniffime.
S. Ex. V. Ex.	Son Excellence, Votre Excellence.
S. S. V. S.	Sa Sainteté, Votre Sainteté.
L. S. P.	Le Saint Pére.
L'A. T.	L'Ancien Teftament.
Le N. T.	Le Nouveau Teftament.
§. fignifie	Paragraphe.
Sect.	Section.
&c.	Et caetera, et le refte.

PETIT

PETIT VOCABULAIRE,

rangé par Leçons & entremélé de toute forte de phrases & d'expreſſions familiéres, propres à mettre les jeunes gens en état de parler de bonne heure d'une façon nette & précife.

МАЛОЙ СЛОВАРЬ,

Раздѣленный на уроки и содержащїй въ себѣ разныя изрѣченїя употребительныя въ разгопорахъ, помощїю которыхъ молодые люди въ скоромъ премени могутъ научиться гопоритъ по Францусски чисто и прапильно.

I. Leçon.

Avant toute chofe, il faut accoutumer les jeunes gens à décliner les Articles avec toute forte de noms, en leur faifant fimplement répéter les trois changemens de chaque Article, fans les étourdir des fix cas de le langue latine, qui font fuperflus en françois; car le Nominatif & l'Accufatif font femblables, le Génitif & l'Ablatif auffi, le Datif fait le troifiéme cas, & le Vocatif eft fuperflu, puifque c'eft le nom feul, ou quelquefois accompagné de l'interjection *ô*, comme : *Pére ! Sire ! Monfieur ! Madame ! ô Ciel ! ô tems ! ô moeurs !* &c.

УРОКЪ I.

Прежде всего надлежитъ прїобучать молодыхъ людей склонять члены съ различными именами, по тремъ токмо окончанїямъ каждаго члена, не дѣлая имъ излишняго запрудненїя шестью падежами Латинскаго языка, которые Францусскому языку не свойственны; ибо Именительный и Винительный сутъ одинакїе, Родительный и Твори-

тель-

тельный также, Дательный есть третей падежъ, а Звательный изълишней; ибо онъ всегда заключается въ имени, которое иногда постановляется съ междометіемъ, О, какъ напр. *Отецъ! Государь! Государь мой! Государыня моя!* о *Небо!* о *Времена!* о *Нравы!* ипр.

Déclinaison de l'article *défini* Le, La, L'.

Le, *la*, précédent les noms qui commencent par une confonne ou par une *h* afpirée, par exemple:

Склоненіе члена опредѣленнаго Le, La, L'.

Le, *la*, предполагаются именамъ, которыя начинаются съ согласной или съ буквы *h.* напримѣръ.

Mafculin.

Sing.	le livre	Един.	Книга, книгу
	du livre		Книги, книгою.
	au livre		Книгѣ.
Plur.	les livres	Множ.	Книги,
	des livres		Книгъ, книгами
	aux livres		Книгамъ.

Sans qu'il foit befoin de répéter toujours *Singulier Pluriel*, chofes que la jufte prononciation des articles diftingue affez, il fuffira de décliner ainfi:

нѣтъ нужды повторять всегда Един. и Множ., ибо сїи числа довольно различаетъ правильное произношеніе членовъ, напримѣръ:

le héros	Герой,	Героя
du héros	Героя,	Героемъ
au héros	Герою,	
les héros	Герби,	Героевъ
des héros	Героевъ	Героями
aux héros	Героямъ.	

Fem.

Féminin

la plume	-	-	Перо,
de la plume	-	-	Пера, перомъ
à la plume	-	-	Перу
les plumes	-	-	Перья
des plumes	-	-	Перьевъ, Перьями
aux plumes	-	-	Перьямъ
la hache	-	-	Топоръ
de la hache	-	-	Топора, топоромъ
à la hache	-	-	Топору
les haches	-	-	Топоры
des haches	-	-	Топоровъ, топорами
aux haches	-	-	Топорамъ

L' précéde les noms qui commencent par une voyelle ou par une *h* muette; par ex:

предполагается именамъ, кои начинаются съ гласной или съ буквы *h*. безгласной. напримѣръ.

l'ami	-	-	Другъ, друга
de l'ami	-	-	Друга, Другомъ
à l'ami	-	-	Другу
les amis	-	-	Друзья, друзей
des amis	-	-	Друзей, друзьями
aux amis	-	-	Друзьямъ
l'heure	-	-	Часъ
de l'heure	-	-	Часа, часомъ
à l'heure	-	-	Часу
les heures	-	-	Часы
des heures	-	-	Часовъ, Часами
aux heures	-	-	Часамъ

On observera que le nom prend toujours une *s* au pluriel, s'il n'en a point au singulier; que si le nom a une *s*, un *x* ou un *z* au singulier, il conserve ces lettres au pluriel;

riel; que les mots en *au*, *eu*, *ou*, prennent un *x* au pluriel, à quelques exceptions près pour *ou*, comme : *le fou*, *les fous*, *le clou*, *les clous*, *le trou*, *les trous*; enfin, que les mots en *al* & en *ail*, se terminent en *aux* au pluriel, quoique la régle ne soit pas non plus générale.

Надлежитъ примѣчать, что имя всегда принимаетъ въ Множественномъ числѣ *s*, естьли оно не имѣетъ его въ Единственномъ. Но ежели имя имѣетъ въ Единственномъ числѣ *s* или *x*, или *z*, то и въ Множественномъ оныя удерживаетъ. Что слова кончащіяся на *au*, *eu*, *ou*, принимаютъ въ Множественномъ *x*, выключая нѣкоторыя кончащіяся на *ou*, напр. *le fou*, дуракъ, *les fous*, дураки, *le clou*, гвоздь, *les clous*. гвозди, *le trou*, скважина, *les trous*, скважины. На конецъ, слова кончащіяся въ Единственномъ на *al* и *ail* переменяются въ Множественномъ на *aux*, хотя и изъ сего правила нѣкоторыя слова выключаются.

Vocables & Phrases.	*Слова и изрѣченія.*
Le pére, les péres - -	Отецъ, отца, отцы, отцовъ
La mére, les méres - -	Мать, матери, матерей
Le pére & la mére - -	Отецъ, и мать, отца и мать
Le frére & la soeur - -	братъ и сестра, брата и сестру
Le fils & la fille - -	Сынъ и дочь, сына и дочь
L'homme, les hommes -	Человѣкъ, человѣка, люди, человѣки, человѣковъ, людей
Le mari & la femme - -	Мужъ и жена, мужа и жену
L'époux & l'épouse - -	Супругъ и супруга, супруга и супругу

L'ep-

L'enfant, les enfans - -	Младенецъ, младенцы, младенца, младенцовъ
Le garçon & la servante -	Дѣтина и служанка, дѣтину и служанку
La maison - - -	Домъ
Le jardin - - -	Садъ
Le logis - - -	Домъ
La cour - - -	Дворъ
L'appartement - -	Горница
La chambre - - -	Камера, покой
La clef du logis - -	Ключи отъ дому
La clef de la maison - -	Ключь отъ дому
La clef de la chambre -	Ключь отъ камеры
Le maître du logis - -	Хозяинъ
La maîtresse du logis - -	Хозяйка
Le maître est-il au logis? -	Дома ли хозяинъ?
Oui, il est dans la chambre	У себя
Il est dans le jardin - -	Въ саду
Il n'est pas au logis - -	Нѣтъ его дома
Où est-il allé? - - -	Куда онъ пошолъ
Il est sorti - - -	Онъ вышелъ
Il est allé au marché - -	Онъ пошолъ на рынокъ
Il est allé aux boutiques -	Онъ пошолъ въ ряды
Il est allé à l'église - -	Онъ пошолъ въ церьковь
Il est allé à la promenade	Онъ пошолъ прогуливаться
Où est la maîtresse du logis?	Гдѣ хозяйка?
Est-elle à la maison? - -	Дома ли она?
Non, elle n'y est pas -	Никакъ, нѣтъ ее дома
Où est-elle allée? - -	Куда она пошла
Elle est allée à l'église -	Она пошла въ церьковь
Elle est allée à la campagne	Она поѣхала въ деревню
Elle est allée aux nôces -	Она пошла на свадьбу
Elle est allée au baptême -	Она пошла на крестины

Le précepteur eft-il ici?	Здѣсь ли учитель?
La gouvernante eft-elle là?	Тамъ ли надзирательни-ца, учительница?
Oui, il y eft	Онъ здѣсь
Non, il n'y eft pas	Нѣтъ ево здѣсь
Oui, elle y eft	Она тамъ
Non, elle n'y eft pas	Нѣтъ ея тамъ
Que fait-il?	Что онъ дѣлаетъ?
Il joue des inftrumens	Онъ играетъ на инструментѣ
Il joue du violon	Онъ играетъ на скрыпкѣ
Il joue de la flute traverfiére	Онъ играетъ на флейтраверсѣ
Que fait-elle?	Что она дѣлаетъ?
Elle joue du clavecin	Она играетъ на клавикордахъ
Elle joue de la guittare	Она играетъ на цитрѣ
Elle touche bien le clavecin	Она хорошо играетъ на клавикордахъ
Elle touche bien l'orgue	Она хорошо играетъ на органахъ
Jouons à quelque chofe	Поиграемъ въ какую нибудь игру?
A quoi jouerons-nous?	Въ какую?
Jouons aux quilles	Станемъ играть въ кегли
Jouons au billard	Станемъ играть въ биліардъ
Jouons aux cartes	Станемъ играть въ карты.
Je ne faurois	Я не умѣю
J'ai mal au bras	Плечо у меня болитъ
J'ai mal à la tête	Голова у меня болитъ
J'ai mal aux yeux	Глаза у меня болятъ

Elle

Elle a mal au doigt - -	Палецъ у ней болитъ
Elle a mal â la main -	Рука у ней болитъ
Elle a mal au pied - -	Нога у ней болитъ
Il a la petite vérole - -	На немъ оспа
Il a la rougeole -	На немъ сыпь
Il a la toux - - -	У него кашель
Elle a la coqueluche -	У ней сильной насморкъ
Elle a la fiévre - - -	Она больна лихорадкою
Qui est là ? - - - -	Кто тамъ ?
Ouvrez la porte - - -	Отопри дверь
Où est la clef ? - - -	Гдѣ ключь ?
Fermez la porte - - -	Запри дверь
Fermez la porte à la clef -	Замкни дверь

II. Leçon.

Déclinaison de l'article *indéfini* De, à.

Ces deux particules se placent au second & au troisiéme cas de tous les noms propres & de beaucoup de pronoms; par exemple :

УРОКЪ II.

Склоненіе Члена De, à *неопредѣленнаго*

Сіи двѣ частицы поставляются во второмъ и третьемъ падежѣ всѣхъ именъ собственныхъ и многихъ мѣстоименій.

Dieu - - -	богъ , бога
de Dieu - - -	бога , богомъ
à Dieu - - -	богу
Pierre - - -	Петръ , петра
de Pierre - - -	Петра , петромъ
à Pierre - - -	Петру
Catherine - - -	Екатерина , Екатерину
de Catherine - - -	Екатеринѣ , Екатериною
	à Cathe-

à Catherine	- -	Екатеринѣ
St. Pétersbourg	- -	Санктпетербургъ
de St. Pétersbourg	-	Санктпетербурга ,
		Санктпетербургомъ
à St. Pétersbourg	- -	Санктпетербургу
Berlin	- - -	берлинъ
de Berlin	- - -	берлина , берлиномъ
à Berlin	- - -	берлину

De s'apostrophe toujours devant une voyelle :
De передъ гласною всегда апострофуется

André	- - -	Андрей , андрея
d'André	- - -	Андрея , андреемъ
à André	- - -	Андрею
Elisabeth	- - -	Елисавета , Елисавету
d'Elisabeth	- - -	Влисаветы , Елисаветою
à Elisabeth	- - -	Елисаветѣ

P r o n o m s.   *Мѣстоименія*

Mon pére	Мой отецъ
ton frére	Твой братъ
son fils	Его сынъ
ma mére	Моя мать
ta soeur	Твоя сестра
sa fille	Его дочь
mes livres	Мои книги
tes plumes	Твои перья
ses papiers	Его бумага
Notre maison	Нашъ домъ
Votre jardin	Вашъ садъ
leur cour	Ихъ дворъ
Nos gens	Наши люди
Vos domestiques	Ваши служители
leurs servantes	Ихъ служанки

ce garçon	Сей дѣтина
cet enfant	Сей младенецъ
cette fille	Сїя дѣвка
ces garçons	Сїи ребята
ces enfans	Сїи младенцы
ces filles	Сїи дѣвки
Qui est là?	Кто тамъ?
Qui est-ce qui est-là?	Кто тамъ?
De qui parlez-vous?	О комъ вы говорите?
A qui parlez-vous?	Кому вы говорите?
Quoi?	Что?
Que dites-vous?	Что вы говорите?
Que voulez-vous?	Чего изволите?
Que souhaitez-vous?	Чего вамъ хочется?
Que vous plait-il?	Что вамъ угодно?
De quoi parlez-vous	О чемъ вы говорите?
De quoi vous plaignez-vous?	О чемъ вы жалуетесь?
A quoi bon cela	Начто это?
A quoi jouerons-nous?	Во что мы станемъ играть?
A ce qu'il vous plaira	Во что вамъ угодно
A ce que vous voudrez	Во что изволите

III. Leçon.

Déclinaison de l'article d'*unité* Un, Une.

Ce n'est proprement pas un article, mais un nom de nombre qui n'exprime ici qu'une unité vague & indéterminée ou indéfinie, sans article au premier cas & avec les particules *de* & *d* au second & au troisième:

урокъ

УРОКЪ III.

Склоненїе члена *Единственнаго* Un , Une

Сей членъ собственно не членъ , но имя числи-
тельное , которымъ изображается простое и не-
опредѣленное единство безъ члена въ перьвомъ падежѣ, а во второмъ и третьемъ частицами De и à

Masculin.				*Мужескаго*
Un homme	-	-	-	Человѣкъ , человѣка
d'un homme	-	-	-	Человѣка , человѣкомъ
à un homme	-	-	-	Человѣку

Fémin.				*Женскаго*
Une femme	-	-	-	Женщина , женщину
d'une femme	-	-	-	Женщины , женщиною
à une femme	-	-	-	Женщинѣ

On peut lui donner pour pluriel , celui de l'article
partitif *des, de, d', à des*, & décliner :

Въ Множественномъ числѣ придается частный
членъ

des hommes	-	-	-	Люди , людей
de femmes	-	-	-	Людей , людьми
à des hommes	-	-	-	Людямъ
des femmes	-	-	-	Женщины , женщикъ
de femmes	-	-	-	Женщинъ , женщинами
à des femmes	-	-	-	Женщинамъ
Qui est-là ?	-	-	-	Кто тамъ ?
Qui est-ce qui est là ?		-		Кто тамъ ?
C'est un homme	-	-		Мужикъ
C'est une femme	-	-		Женщина , баба
C'est un cavalier	-	-		Господинъ
C'est une dame	-	-		Госпожа
C'est un officier	-	-		Офицеръ
C'est une demoiselle	-	-		Дѣвица

C'est

C'eſt un gentilhomme	Дворянинъ
C'eſt un conſeiller	Совѣтникъ
C'eſt une conſeillére	Совѣтница
C'eſt un marchand	Купецъ
C'eſt une marchande	Торговка
C'eſt un bourgeois	Мѣщанинъ
C'eſt un payſan	Крестьянинъ
C'eſt une payſanne	Крестьянка
C'eſt un pauvre	Нищей
C'eſt un pauvre homme	бѣдной человѣкъ
C'eſt une pauvre femme	бѣдная женщина
C'eſt un mendiant	Нищей
C'eſt un domeſtique	Слуга
C'eſt une ſervante	Служанка
Qui ſont ces gens-là?	Кто таковы тѣ люди?
Quel homme eſt-ce-là?	Какой тотъ человѣкъ?
Quelle femme eſt-ce-là?	Какая то женщина,
Quelle perſonne eſt-ce-là?	Кто то таковъ?
Quelles gens ſont-ce?	Кто сіи люди?
Quelles gens ſont-ce-là?	Кто тѣ люди?
Ce ſont des hommes	Это мущины
Ce ſont des femmes	Это женщины
Ce ſont des garçons	Это мальчики
Ce ſont des filles	Это дѣвки
Ce ſont des pauvres	Это бѣдные люди
Ce ſont des mendians	Это нищіе
Ce ſont des bourgeois	Это мещанъ
Ce ſont des payſans	Это крестьянъ
Ce ſont des payſannes	Это крестьянки
Ce ſont des cavaliers	Это господа
Ce ſont des meſſieurs	Это господа
Ce ſont des dames	Это госпожи
Ce ſont des gentilshommes	Это дворяна

Ce font des officiers — Это офицеры

Ce font des demoifelles — Это дѣвицы

Ce font des confeillers — Это совѣтники

Ce font des domeftiques — Это слуги

Ce font des fervantes — Это служанки

Voici un Prince — Вотъ князь

Voilà une Princeffe — Вотъ княгиня

Voici un Duc, & — Вотъ дюкъ или герцогъ

Voilà une Ducheffe — Вотъ герцогиня

Voilà un Comte & — Вотъ графъ

Voici une Comteffe — Вотъ графиня

Voilà une Marquife & — Вотъ маркизша

Voici un Marquis — Вотъ маркизъ

Voici un Baron & — Вотъ баронъ

Voilà une Baronne — Вотъ баронша

Voici un verre & — Вотъ рюмка

Voilà une bouteille de vin — Вотъ бутылка вина

Voilà un couteau & une four-
chette — Вотъ ножъ и вилка

Voici une cuiller & une af-
fiette — Вотъ ложка и тарелка

IV. Leçon.

Déclinaifon de l'article *partitif* ou de *quantité*.
Du, de la, de L'.

УРОКЪ IV.

Склоненіе члена *частнаго* Du, de la, de L

Devant une confonne.

Передъ согласною

Mafculin.   *Мужескаго.*

Sing. du fruit — Един. Плодъ

de

de fruit	-	Плода, плодомъ
à du fruit	-	Плоду
Plur. des fruits	-	Плоды
de fruits	-	Плодовъ, плодами
à des fruits	-	Плодамъ

Fémin.

de la laitue	-	Салатъ
de laitue	-	Салата
à de la laitue	-	Салату
des laitues	-	Салаты
de laitues	-	Салатовъ
à des laitues	-	Салатамъ

Devant une Voyelle.
Передъ гласною

de l'eau	-	Вода, воду
d'eau	-	Воды, водою
à de l'eau	-	Водѣ
des eaux	-	Воды, водъ
d'eaux	-	Водъ, водами
à des eaux	-	Водамъ

Devant un adjectif.
Передъ прилагательнымъ

de bon vin	-	Доброе вино, добраго вина
à de bon vin	-	Доброму вину
d'excellent vin	-	Изрядное вино, изряднаго вина
à d'excellent vin	-	Изрядному вину
de bonnes gens	-	Добрые люди, добрыхъ людей
à de bonnes gens	-	Добрымъ людямъ

d'hon

d'honnêtes gens	Честные люди, честныхъ людей
à d'honnêtes gens	Честнымъ людямъ
Que voulez-vous?	Чего изволите?
Que souhaitez-vous?	Чего желаете?
Que vous plait-il?	Что вамъ угодно?
Qu'y a-t-il pour votre service?	Чѣмъ могу вамъ служить?
Donnez-moi du pain	Дай мнѣ хлѣба
Donnez-moi un morceau de pain	Дай мнѣ кусокъ хлѣба
Donnez-moi du beurre	Дай мнѣ масла
Donnez-moi un morceau de beurre	Дай мнѣ кусокъ масла
De la viande	Мяса
Un peu de viande	Не много мяса
Du rôti	Жаренаго
Un morceau de rôti	Кусокъ жаренаго
Un peu de rôti	Не много жаренаго
Voulez vous du gâteau	изволишъ ли пирога
Un morceau de gâteau	Кусокъ пирога
Un peu de gâteau	Не много пирога
Voilà de bon pain	Вотъ хорошей хлѣбъ
Voilà de bonne viande	Вотъ хорошее мясо
Voilà de bon beurre	Вотъ хорошее масло
Voilà d'excellent beurre	Вотъ изрядное масло
Voici du fromage	Вотъ сыръ
En souhaitez vous?	Изволите ли его?
En voulez vous?	Хотите ли его?
Vous en plait-il?	Не угодно ли вамъ его?
Tenez, en voici	Возмите
En voilà	Вотъ онъ
En voilà encore un morceau	Вотъ еще кусокъ

En

En voilà encore	Вотъ еще
En voilà encore un peu	Вотъ еще не много
En voilà beaucoup !	Вотъ довольно !
Voici du fel	Вотъ соль
Et voilà du vinaigre	И вотъ уксусъ
Voici du fucre	Вотъ сахаръ
Et voilà du poivre	И вотъ перецъ
Voici de l'huile	Вотъ масло
Et du vinaigre	И уксусу
Quelle boiffon eft-ce-là ?	Что это за питье ?
C'eft du vin	Вино
C'eft de la bierre	Пиво
C'eft de l'eau	Вода
C'eft de la petite bierre	Полпиво
En vérité	Во истинну
C'eft de bon vin	Это хорошее вино
C'eft d'excellent vin	Это изрядное вино
C'eft de bonne eau	Это хорошая вода
Affurément	Ей ей
C'eft une bonne boiffon	Это доброе питье
C'eft un bon manger	Это доброе кушанье
C'eft un bon mets	Это хорошее кушанье
C'eft une bonne foupe	Это хорошей супъ
Voilà une bonne foupe	Вотъ хорошей супъ
Voilà un bon ragoùt	Вотъ хорошей рагу
Voilà une bonne fricaffée	Вотъ хорошей фрикасе
Voilà un bon potage	Вотъ хорошая похлѣбка
Voilà une bonne fauce	Вотъ хорошей соусъ
Avez-vous de la fauce ?	Есть ли у тебя соусъ ?
Voulez-vous de la fauce ?	Изволите ли соусу ?
Voulez-vous du bouillon ?	Изволите ли бульону ?
Voulez-vous du fel	Ненадобно ли вамъ соли?
Ayez la bonté de me donner	Пожалуйте дайте мнѣ

De

Un peu de fauce	Не много соусу
Un peu de fel	Не много соли
Vous plaît-il de la falade?	Не изволите ли салату?
Voilà de la falade	Вотъ салатъ
Vous en plaît-il?	Не изволите ли его?
Tenez, en voilà	Вотъ онъ, возмите
En voici	Вотъ здѣсь
Prenez-en	Берите
Buvez un verre de vin	Выпейте рюмку вина
Un verre d'eau	Стаканъ воды
Un verre de bierre	Стаканъ пива
Pourquoi	Для чего
Ne mangez-vous pas?	Не кушаете?
Mangez, je vous prie	Пожалуйте, покушайте
Mangez, s'il vous plaît	Кушайте, есть ли угодно
Mangez fans façon	Кушайте безъ церемонiи
Vous ne mangez-pas	Вы не кушаете
Mangez donc	Пожалуйте кушайте
Buvez donc	Пѣйте пожалуйте.
Vous ne buvez point	Вы ни чего не пьете
Pourquoi ne buvez-vous pas?	Для чего не пьете?
Que mangez-vous?	Что вы кушаете?
Que buvez-vous?	Что вы пьете?
Qu'aimez-vous le mieux	Что вы любите лутче
Le vin rouge, ou	Красное ли вино
Le vin blanc?	Или бѣлое?
Ce qu'il vous plaira	Что вамъ угодно
Ce que vous voudrez	Что вы захотите.
Je mange	Я ѣмъ
Ce qu'on me donne	Что мнѣ даютъ
Ce qu'on me préfente	Что мнѣ подаютъ
Je bois ce qu'on veut	Я все пью
Du vin rouge	Вино красное

Du vin blanc	Вино бѣлое
— — d'Hongrie	— — Венгерское
— — d'Italie	— — Италïанское
— — d'Espagne	— — Гишпанское
— — de France	— — Французское
— — de Bourgogne	— — бургонское
— — de Champagne	— — Шампанское
— — de Cahors	— — Кагорское
— — de Médoc	— — Медокское
— — de Pontac	— — Понтакъ
Que buvez-vous ?	Что вы пьете ?
Je bois de l'eau	Я пью воду
— — de la bierre	— — Пиво
— — de la petite bierre	— — Полпиво
— — du vin	— — Вино
— — tout ce qu'on veut	— — Все что мнѣ даютъ
Voilà le dessert	Вотъ закуски, заѣдки
Qu'est-ce que cela ?	Что это такое ?
Qu'est-ce que c'est que cela ?	Что это такое ?
C'est du gâteau	Это пирогъ
— — du biscuit	— — Сухари
Ce sont des confitures	— — Конфекты
— — — — fruits	— — — Плоды
— — — — pommes	— — — Яблоки
— — — — poires	— — — Груши
— — — — cerises	— — — Вишни
— — — — prunes	— — — Сливы
— — — — fraises	— — — Земляница
— — — — groseilles	— — — Смородина
— — — — framboises	— — — Малина
— — — — noix	— — — Орѣхи
— — — — cerneaux	— — — Орѣховыя ядра

Ce font des noifettes - -	Это Орѣшки
Quel homme eft-ce-là? -	Что это за человѣкъ?
C'eft un Prince - - - -	Князь
- - Sénateur - - -	Сенаторъ.
- - Confeiller d'état -	Статской совѣтиикъ.
- - Confeiller de cour	Надворной совѣтникъ
- - Gentilhomme - - -	- - - Дворянинъ
- - Bourgeois - - -	- - - Мѣщанинъ,
- - Payfan - - - -	- - - Крестьянинъ
Qu'elle femme eft-ce-là? -	Что это за женщина?
C'eft une Dame - - -	Госпожа,
- - - de qualité -	Знатная госпожа,
- - Princeffe - -	- - Княгиня
- - Confeillére - -	- - Совѣтница
- - Bourgeoife - -	- - Мѣщанка
- - Payfanne - -	- - Крестьянка
Quelles gens font-ce-là? -	Что это за люди?
Ce font des gens de diftin-ction - - - -	Это знатные люди.
- - Gentils-hommes	- - Дворяне,
- - Bourgeois - -	- - Мѣщане
- - Payfans - -	- - Крестьяне
Quel arbre eft-ce-là? - -	Какое это дерево?
Quels arbres font-ce-là? -	Какія это деревья?
C'eft un pommier - - -	Это яблоня
Ce font des pommiers -	- - Яблони
C'eft un poirier - -	- - Груша,
Ce font des poiriers - -	- - Груши,
C'eft un cerifier - -	- - Вишня
Ce font des cerifiers - -	- - Вишни
C'eft de la vigne - - -	- - Виноградъ
Ce font des vignes - -	- - Виноградныя деревья,

Quel

Quel fruit est-ce-là?	Что это за плодъ?
C'est du raisin	Изюмъ
Ce sont des figues	Фиги, винные ягоды
— — — fraises	Земляница
— — — groseilles	Смородина
— — — framboises	Малина
Voilà de belles pommes	Вотъ изрядныя яблоки
— — — poires	Вотъ изрядныя груши
— — — cerises	Вотъ изрядныя вишни
Achetez-en	Купите ихъ
Je le voudrois bien	Я бы хотѣлъ
Mais je ne saurois	Да не могу
Pourquoi non?	Для чего?
Je n'ai point d'argent	Для того что нѣтъ денегъ
N'avez-vous pas quelques copies sur vous?	Нѣтъ ли у васъ хотъ нѣсколько копѣекъ
Non je n'ai rien sur moi	Ничево со мною нѣтъ.

V. Leçon.

Les Verbes auxiliares.

У р о к ъ V.

Глаголы помогающіе.

Avoir	Имѣть
J'ai, tu as, il a	Я имѣю, ты имѣешь, онъ имѣетъ
Nous avons	Мы имѣемъ
Vous avez	Вы имѣете
Ils ont	Они имѣютъ
Elles ont	Онѣ имѣютъ
Qu'avez-vous?	Что вы имѣете?
Je n'ai rien	Я ничего не имѣю,

Avez-

Ayez-vous le tems? - -	Есть ли вамъ время?
Oui, je l'ai - - -	Есть
Non je ne l'ai pas - -	Нѣтъ
Ayez-vous une montre? -	Есть ли у васъ часы?
Oui, j'en ai une - -	Есть
Non, je n'en ai pas - -	Нѣтъ
Qu'avez-vous-là - - -	Что у васъ тамъ?
Ce n'est rien - - -	Ничего
C'est une bagatelle - -	Это бездѣлица
— une tabatiére - -	— — Табакерка
— un livre François -	— — Французская книга
— un livre Allemand -	— — Нѣмѣцкая книга
— un livre Russe - -	— — Россїйская книга
— une épingle - -	— — Булавка
Ce font des épingles -	— — Булавки
C'est une aiguille - -	— — Игла
Ce font des aiguilles -	— — Иглы
C'est de la foie - - -	— — Шолкъ
— du fil - - - -	— — Нитка
— de la laine - -	— — Шерсть
— un dé - - -	— — Наперстокъ
Ce font des cifeaux - -	— — Ножницы,
Qu'avez-vous? - -	Что у васъ?
Que vous manque-t-il? -	Чево у васъ нѣтъ?
Je n'ai rien - - -	У меня ничего нѣтъ
Ce n'est pas grand' chofe	Это невеликое дѣло, без-дѣлица.
Je ne fais ce que j'ai -	Я не знаю, что у меня есть
Je ne fais ce qui me man-que - - - - -	Я не знаю, что мнѣ здѣлалось
Je crois que j'ai la fiévre -	Я думаю, что у меня лихорадка

Je

Je m'imagine	Я думаю
Que j'ai la fiévre	Что у меня лихорадка
J'ai le rhume	— — Насморкъ
— la toux	— — Кашель
— la migraine	Голова у меня болитъ
Il a la fiévre chaude	Онъ боленъ горячкою
Il a la petite vérole	На немъ оспа
Elle a la rougeole	— — Корь
Elle a mal aux yeux	У нее болятъ глаза
J'ai mal à la tête	У меня болитъ голова,
— — aux dents	— — болятъ зубы,
— — au pied	— — Нога
— — au doigt	— — Перстъ
— — à la jambe	— — Голень, берцо,
— — au cou	— — Шея
Qu'a-t il?	Что у него?
Qu'a-t-elle?	— — Что у нее?
Qu'a-t-on dit?	— — Что сказано?
Qu'a-t-on fait?	— — Что здѣлано?
Si j'avois le tems	Есть либъ мнѣ былъ досугъ,
J'irois promener — faire un tour de promenade	Тобъ я пошолъ прогуляться, проходиться.
J'eus hier du monde	Вчера были у меня гости
— compagnie	— — Компанія,
— des amis	— — Пріятели
— quelques amis chez moi	Нѣкоторые пріятели.
Qu'avez-vous fait?	Что вы здѣлали?
A quoi avez-vous passé le tems?	Чемъ вы препроводили время?
Nous avons pris le café	Мы пили кофей
— — pris du thé	— — — Чай

Nous

Nous avons bu du vin -	Мы пили вино
- - joué - -	Мы играли
A quoi avez-vous joué? -	Во что вы играли?
A quel jeu avez-vous joué?	Въ какую вы игру играли?
Nous n'avons joué à rien -	Мы ни во что не играли
Nous avons joué aux cartes	Мы играли въ карты
Avez-vous joué à l'hom-bre - - - - -	Играли ли вы въ лом-беръ
Ou aux échécs? - -	Или въ шахматы?
Oui, & après cela -	Да, а послѣ того
Nous avons joué - -	
- - du violon -	На скрыпкѣ
- - du clavecin -	На клавикордахъ
- - de la flute tra-versiére - - - -	На флейтраверсѣ
Touchez-vous le clave-cin? - - - -	Играете ли на клавикор-дахъ?
Je ne fais que commencer	Я только зачалъ учиться
J'apprens les notes - -	Я учу ноты
Quel maître avez-vous? -	Кто васъ учитъ?
C'est un Russe - -	Россіянинъ
- un François - -	Французъ
- un Allemand - -	Нѣмецъ
- un Italien - - -	Италіянецъ
Quelle Gouvernante avez-vous? - - - -	Какая у васъ учитель-ница?
C'est une Françoise - -	Француженка
- - Allemande - -	Нѣмка,
- - Suédoise - -	Шведка
Parle-t-elle bien françois?	Хорошо ли она говоритъ по францу ски!
Oh oui, elle parle très-bien	Чрезвычайно хорошо

Elle

Elle s'exprime très-bien ?	Она весьма хорошо говоритъ
Ecrit-elle bien ?	Хорошо ли она пишетъ?
Oui, elle écrit fort bien	Очень хорошо.
Elle couche bien une lettre	Она сочиняетъ изрядныя письма
Sait-elle l'orthographe ?	Знаетъ ли она правописанïе ?
Je le crois	Я думаю, что знаетъ
- me l'imagine -	Я думаю что такъ
- n'en fais rien -	Не знаю
- ne puis en juger -	Не могу о томъ разсуждать
- ne saurois en juger	Я не могу о томъ разсуждать
Car je ne la fais pas bien	По тому что я самъ мало ево знаю
Etre	быть
Je suis, tu es, il est	Я есмь, ты еси, онъ есть
Nous sommes	Мы есмы,
Vous êtes	Вы есте
Ils font	Они суть
Elles font	Онѣ суть
Qui font ces gens-là ?	Что это за люди?
Je crois que ce font -	Я думаю, что они
des Anglois	Агличане
Ruffes	россïяне
Allemands	Нѣмцы
François	Французы
Etrangers	Чужестранцы
Ce font des Messieurs	Это господа
Ce font des Dames	- - Госпожи

Quel

Quel est ce Cavalier	Что это за господинъ?
C'est un étranger	Иностранной
De quel pays est-il?	Откуда онъ, изъ которой земли?
De quelle nation est-il?	Изъ какого народа?
Il est Russe	- - Россïянинъ
- - Allemand	- - Нѣмецъ
- - Italien	- - Италïанецъ
- - Anglois	- - Агличанинъ
- - Espagnol	- - Гишпанецъ
- - Portugais	- - Португалецъ
- - Ecossois	- - Шотландецъ
- - Saxon	- - Саксонецъ
- - Autrichien	- - Австрïецъ
- - Danois	- - Датчанинъ
- - Suédois	- - Шведъ
- - Turc	- - Турка
- - Persan	- - Персïянинъ,
- - Chinois	- - Китаецъ
- - Sibérien	- - Сибирякъ
- - Tartare	- - Татаринъ
- - Calmuque	- - Калмыкъ
- - Cosaque	- - Казакъ
Et cette personne	Это женщина
Qui est-elle?	Кто такова?
De quel pays est-elle?	Изъ какой она земли?
Elle est Russe	- - Россïянка
- - Allemande	- - Нѣмка
- - Françoise	- - Француженка
- - Espagnole	- - Гишпанка
- - Italienne	- - Италïанка
- - Polonoise	- - Полька
- - Saxonne	- - Саксонка

Elle

Elle est Danoise - - - - -	Датчанка
- - Suédoise - - - -	Шведка
- - Livonienne - - -	Лифляндка
- - Finoise - - - -	Финляндка
- - Laponoise - - -	Лопарка
Oui dà! - - - -	Да такъ!
Est-il vrai? - - -	Правда ли это?
- - bien vrai? - -	Полно это правда ли?
	Можетъ ли это статься?
- - possible? - - -	Статочное ли это дѣло?

VI. Leçon.

УРОКЪ VI.

Je suis content - - -	Я доволенъ
- - bien-aise - - -	Я радуюсь,
- - charmé - - -	Мнѣ весьма прїятно,
- - ravi - - - -	Я радъ
Je me réjouis - - }	Я радуюсь
Sincérement - - - }	Всѣмъ сердцемъ, что
De vous voir - - -	вижу васъ
En bonne santé - - -	Въ добромъ здоровьѣ.
Pourquoi ne me venez-vous pas voir? - - -	Для чего вы ко мнѣ не ходите въ гости?
Pourquoi ne m'êtes-vous pas venu voir? - -	Для чего вы ко мнѣ не ходили?
J'étois malade - - -	Я былъ боленъ,
J'ai été indisposé - -	Я недомогалъ
J'étois incommodé - -	Я былъ не очень здоровъ
J'ai été enrhumé - -	У меня былъ насморкъ
Et je le suis encore - -	И теперь еще есть
En vérité - - - -	Ей ей,
Je vous plains - - -	Я сердечно объ васъ
De tout mon coeur - -	Сожалѣю.

Mais

Mais graces à Dieu - -	Но слава богу
Graces au ciel - -	Слава всевышнему
Je me porte mieux - -	Мнѣ стало полегче
Je me trouve mieux - -	Я чувствую облегченїе
Je suis beaucoup mieux -	Мнѣ г раздо стало лутче
Je me porte à présent très-bien - - - -	Теперь я совсѣмъ здоровъ
Je vous en félicite - -	Я васъ тѣмъ поздравляю
De tout mon coeur - -	Отъ всего моего сердца
De toute mon ame - -	Всею моею душею
Du meilleur de mon coeur	Отъ всего моего сердца
Du meilleur de mon ame	Всею моею душею
Qui est-là ? - - -	Кто тамъ ?
Qui est-ce qui est-là -	Кто тутъ
Voyez qui est-là - -	Посмотри , кто тамъ
Qui est-ce qui a frappé ? -	Кто стучалъ ?
Qui est-ce qui a sonné ? -	- - звенѣлъ ?
Qui étoit-ce ? - - -	- - былъ ?
C'étoit un pauvre - - -	- - Нищей
- un mendiant - - -	- - Нищей ,
- un pauvre homme	бѣдной человѣкъ
- une pauvre femme	бѣдная женщина
Il falloit - - - -	Надлежало
Lui donner l'aumône -	{ Ему } подать мило-
- - la charité -	{ ей } стину
- - quelque chose -	Что ни будь
C'est ce que j'ai fait -	Я то здѣлалъ
Vous avez bien fait -	Вы хорошо здѣлали
Quand ce sont - - -	Престарѣлыхъ людей
- de vieilles gens	Не надобно оставлять безъ помощи
Il faut les assister - -	
Il faut en avoir pitié -	Надобно объ немъ сожалѣть

Comme

Comme nous voudrions -	Равно какъ мы хотимъ
Que l'on eut pitié de nous	Чтобъ и надъ нами показывали милосердіе
Si nous étions - -	Ежели бы мы были
- - à leur place -	на ихъ мѣстѣ
Vous avez raison - -	Ваша правда
Cela est juste - - -	Это справедливо,
- - vrai - - -	- - Праведно,
- - bon - - -	- - Хорошо,
- - louable - - -	- - Похвально
- - honnête - - -	- - Честное дѣло
Vous parlez fort bien -	Вы весьма хорошо говорите
Vous dites fort bien -	
Vous penſez fort bien -	Вы весьма хорошо разсуждаете
Ce que je dis est vrai -	Я говорю правду
Ce que vous dites est vrai	Вы говорите правду
Cela est faux - - -	Это ложь
Cela n'est pas vrai - -	Это неправда
Cela se peut - - -	Можетъ статься
Vous avez tort - - -	Вы виноваты
J'ai tort - - - -	Я виноватъ
Je ſuis dans mon tort -	- Виноватъ
J'en conviens - - -	- Въ томъ согласенъ
Je le vois - - - -	- То вижу
- - ſens - - - -	- То чувствую
- - ſens bien - - -	- То очень чувствую
- - vois bien - - -	- То довольно вижу
- - ſens fort bien -	- То очень чувствую
Je n'en diſconviens pas -	- Въ томъ не спорю
Je l'avoue - - - -	- Въ томъ признаюсь
Comment dites-vous ? -	Какъ вы говорите ?
- - avez-vous dit ?	- - Вы сказали ?

Comment l'entendez-vous?	Какъ вы то разумѣете?
- - faites-vous?	- - Вы дѣлаете?
- - faites-vous cela?	- - Вы это дѣлаете?
- - faire?	Что дѣлать?
- - ferai-je?	Какъ я здѣлаю, что мнѣ дѣлать
Je ne fais pas	Я не знаю,
Je ne saurois vous le dire	Я не могу вамъ того сказать
Faites comme cela	Здѣлайте такъ.
Faites ce que vous voudrez	Здѣлайте какъ хотите
Faites comme vous voudrez	Здѣлайте какъ вамъ захочется
Cela est aisé à dire	Это легко сказать
Cela est bel & bon	Это изрядно
Cela va fort bien	Это весьма хорошо
Mais, avec votre permission	Но съ вашего позволенія
Je pense, autrement	Я инако думаю,
Cela ne va pas comme vous le croyez	Это дѣло не такъ идетъ, какъ вы думаете.
Cela ne va pas comme cela	Это нетакъ
- ne se peut pas	Этому статься не льзя
- se peut	- - Можетъ статься
- se pourroit	- - Моглобы статься
- pourroit être	- - Могло бы быть
- peut aller comme ça	- - Можетъ такъ быть
- pourroit fort bien aller comme ça	- - Такимъ образомъ

VII. Leçon.
УРОКЪ VII.

Bon jour, Monsieur	Здравствуйте государь мой
- - , Madame	Здравствуйте государыня моя Воп

Bon ſoir, Meſſieurs - -	Доброй вечерЪ , господа мой
- - -, Mesdames - -	- - Государыни мои
Bonne nuit, Mademoiſelle -	Добрая ночь сударыня
- - - Mesdemoiſelles -	- - Сударыни мой
Je vous ſouhaite le bon jour	Желаю вамЪ здравстовать
- - - - le bon ſoir	- - - Здравствовать
- - - - la bonne nuit - - -	- - - Покойной ночи
- - - - une bonne nuit - - -	- - - доброй ночи
- - - - un bon repos - - -	- - - спокойной ночи
Je vous le ſouhaite pareillement - - -	И я вамЪ равномѢрно желаю
Je vous la ſouhaite pareillement - -	И я вамЪ также
Adieu, bon ſoir - -	ПрощайтЪ , жалаю вамЪ добраго вечера, доброй ночи
Adieu, bonne nuit - -	
Repoſez bien - - -	Опочивайте спокойно
Adieu, portez-vous bien -	Прощайте , живите здорово
Et vous pareillement - -	И вы равномѢрно
Faites-en de même - -	Также
C'eſt ce que j'ai - - bien envie de faire -	Сего я самЪ желаю
Je ſouhaite - - -	Я желаю
Que vous paſſiez bien la nuit - -	ЧтобЪ вы препроводили ночь спокойно
J'en fais de même - - -	И я тогожЪ желаю вамЪ
Et vous auſſi - - -	

Eh bon jour, cher ami, -	Здравствуйте любезный другъ
Comment vous portez-vous?	Все ли здорово?
Comme vous voyez - -	Какъ сами видите
A votre service - - - -	Къ вашимъ услугамъ
Pour vous servir - - -	Къ вашимъ услугамъ
A vous servir - - - -	Къ вашимъ услугамъ
Bon jour Monsieur - -	Здравствуйте государь мой
- - Madame - - -	- - государыня моя
- - Mademoiselle - -	- - дѣвица
- - Messieurs - - -	- - Господа
- - Mesdames - -	- - Госпожи
- - Mesdemoiselles -	- - Дѣвицы
Comment va l'état - - -	Все ли вы
De votre santé? - - -	Здоровы?
Fort bien - - - - -	Слава богу
Graces à Dieu - - - -	благодарю бога
Graces au ciel - - - -	Слава богу
Je me porte fort bien -	Я очень здоровъ
Encore fort bien - - -	По нынѣ здоровъ
A l'ordinaire - - - - -	Какъ обыкновенно
Prêt à vous obéir - - -	Готовъ къ вашимъ услугамъ
Prêt à vous rendre service -	Готовый къ вашимъ услугамъ
A vous faire plaisir - -	Готовъ вамъ служить
Je vous suis bien obligé -	Много благодарствую
De votre bonté - - - -	За вашу милость
De votre attention - - -	Что не изволите меня забывать
De votre complaisance -	За вашу учтивость
Vous avez bien de la bonté -	Вы весьма милостивы

Vous

Vous avez trop de bonté	Вы чрезъ мѣру милостивы
Comment va la santé?	Здоровы ли вы?
A vous rendre mes devoirs	Къ вашимъ услугамъ
Toujours prêt à vous obéir	Я всегда готовъ вамъ служить
C. la me fait plaisir	Я тому очень радъ
J'en suis charmé	Я тому весьма радъ.
Monsr. j'ai l'honneur	Государь мой желаю вамъ здравствовать
De vous souhaiter le bon jour	
De vous rendre mes devoirs	Засвидѣтельствовать вамъ мое почтенïе
J'ai l'honneur de vous saluer	Здравствуйте государь мой
Je vous remercie	благодарствую
Je vous rends graces	благодарствую
Je vous suis très obligé	Я весьма вами обязанъ
Asséyez-vous, s'il vous plait	Прошу садиться; не изволители сесть
Je vous prie	Прошу сесть
Je vous en prie	Прошу, садитесь
Je vous en supplie	Покорно прошу
Je vous le permets	Я вамъ позволяю
Je vous l'ordonne	Я вамъ приказываю
Ce sera pour vous obéir	Я вамъ послушенъ буду
Puisque vous le permettez	Понеже вы сами дозволяете
Si j'ose prendre cette liberté	Ежели смѣю
Puisque vous voulez bien me le permettre	Потому что вы изволили мнѣ на то дать дозволенïе
Asséyez-vous sans façon	Садитесь безъ церемонïй

Sans

Sans complimens - -	безъ комплиментовъ
En vérité vous êtes bien complimenteur - -	Въ истинну вы много строите церемонїй
Vous faites bien des complimens - - - -	Вы много дѣлаете церемонїй
Pardonnez-moi - - -	Никакъ
Je n'en fais pas - -	Я комплиментовъ не дѣлаю
C'est vous Monsr. - -	Но вы, государь мой
Qui en faites - - -	Ихъ дѣлаете
Entre amis - - -	Межъ прїятелей
Il ne faut pas tant de façons	Надлежитъ поступать
Les complimens sont hors de saison - - -	Просто, комплименты не къ статѣ
Il faut mettre tous les complimens de côté - -	Надобно всѣ комплименты оставить
Que puis-je avoir l'honneur de vous offrir - -	Чѣмъ могу я вамъ служить?
Rien, s'il vous plait -	Ничѣмъ
Je vous suis obligé - -	благодарствую
Il ne me faut rien - -	Мнѣ ничего не надобно.
Je n'ai besoin de rien -	Я ничего не желаю
Avez-vous déjeuné? - -	Завтракали ли вы?
Oui, Monsr. c'en est fait -	Конечно
Non, Monsr. pas encore -	Нѣтъ еще,
Oh oui, il y a déjà long-tems	Давно ужѐ
Souhaitez-vous prendre le thé avec moi? - -	Не изволите ли выпить сомною чашку чаю,
- - une tasse de café -	- - Кофею?
- - une tasse de chocolat	- - Шоколаду
- - un verre de liqueur -	- - Водочки
Comme il vous plaira -	Въ волѣ вашей
Tout ce que vous voudrez	Какъ вы изволите

Ah

Ah ça, il eſt tems de déjeuner	Ужѐ время завтракать
De diner - - - -	Обѣдать
De gouter - - - -	} Полдничать
De collationner - -	}
De ſouper - - - -	Ужинать
Venez, allons à table -	Пойдемъ за столъ
Mettons-nous à table -	Сядемъ за столъ
Placez-vous là - - -	Сядьте тамъ
Fort bien - - - -	Очень хорошо
Je ſuis bien ici - - -	Мнѣ и здѣсь хорошо
Aimez-vous le potage? -	Не изволите ли мяса изъ подъ соуса
Aimez-vous la ſoupe - -	- - Супу
Le bouillon - - - -	- - Булïону
La ſauce - - - -	- - Соусу
Oui, je l'aime - - -	Да
Non je ne l'aime pas -	Нѣтъ (подадутъ
J'aime tout ce qui ſe ſert -	Я все ѣмъ что мнѣ ни
Tout ce qui vous plaira -	Что вамъ угодно
Mangez à votre goût -	Кушайте, что вы хотите,
J'aime le boeuf - -	Я охотникъ до говядины
J'aime le veau - - -	Я люблю тѣлятину
J'aime le jambon - -	- - Окорокъ
Le mouton - - - -	- - баранину
Le porc, le cochon -	- - Свинину, поросятину
Le ſalé - - - -	- - Солонину
Le petit ſalé - - -	Мясо свѣжепросольное
Les ſauciſſes - - -	Сосиски
Aimez-vous les herbes? -	Охотники ли вы до зелени
Oh oui, je les aime fort -	Да, я великой до ей охотникъ

Sur

Sur tout l'oſeille - -	Особливо люблю щавель
Les épinards - - -	Шпинатъ
Les oignons - - -	Лукъ
Les poireaux - - -	Пурро, французскій лукъ
Le perſil - - -	Петрушку
Le cerfeuil - - -	Кервель
La ſalade - - -	Салатъ
Les laitues - - -	Латукъ
Les laitues pommées -	Кочанной салатъ
La chicorée - - -	Цикоре
Les endives - - -	Андивы
Le creſſon - - -	Кресъ-салатъ
L'appetit - - - -	Рѣпки, полевой лукъ
L'ail - - - - -	Чеснокъ
Les rocambolles - -	Рокамболь
Chacun a ſon goût - -	Всякъ по своему вкусу
Pour moi il y a bien des choſes que ſe n'aime pas	Что касается до меня, то много такихъ вещей, коихъ я не люблю
Vous aimez ſans-doute la pâtiſſerie - - - -	Конечно вы любите пирожное
Un pâté - - - -	Паштеты
Une tourte - - -	Тортъ
Une tarte à la crême -	Тортъ съ сливками здѣланный
Le gâteau - - -	Пряженецъ
Un échaudé - - -	Здобный крендель
Des bignets - - -	Аладьи
Une Omelette - -	Яишница
Des oeufs durs - -	Густыя яицы
Des oeufs mollets -	Въ смятку
Des oeufs à la coque -	Яица въ мѣшечкѣ
Des oeufs au miroir -	Выпускную яишницу

Des

Des oeufs brouillés - -	Яишница
- - frits - -	Печеныя яица
- - au beurre noir -	Съ поджаренымъ масломъ

VIII. Leçon.

УРОКЪ VIII.

Que fait Monfr. votre pére? - - -	Что дѣлаетъ вашъ батюшка?
Eſt-il au logis? - -	Дома ли онъ
Oui il y eſt - - -	Дома
Non il n'y eſt pas - -	Нѣтъ,
Où eſt-il? - - -	Гдѣ онъ?
Que fait-il? - - -	Что онъ дѣлаетъ,
Il n'eſt pas à la maiſon -	Его нѣтъ дома,
Où eſt-il allé? - -	Куда онъ пошолъ?
Il eſt ſorti - - -	Онъ вышелъ
Il eſt en ville - - -	Онъ въ городѣ
Il eſt à la campagne -	Онъ въ деревнѣ
Il eſt allé à la campagne -	Онъ поѣхалъ въ деревню
Quand eſt-il parti? -	Когда поѣхалъ?
La ſemaine paſſée - -	На прошедшей недѣлѣ
Ces jours-ci - -	На сихъ дняхъ
Dimanche paſſé - -	Въ прошедшее воскресенїе
Jeudi dernier - -	Въ минувшей четвертокъ
Avant-hier - - -	Третьяго дня
Hier - - -	Вчера
Aujourd'hui - - -	Сего дни
Ce matin - - -	Сего утра
Avant midi - - -	Передъ полуднемъ
Après midi - - -	Послѣ полудни
A midi - - - -	Въ полдень
Au ſoir - - -	Въ вечеру
Vers midi - - -	Около полудни

Vers le foir	Около вечера
La femaine derniere	На прошлой недѣлѣ
L'année derniere	Въ прошедшемъ годѣ
L'année paffée	Въ прошломъ годѣ
Le mois paffé	Въ прошедшемъ мѣсяцѣ
L'année	Годъ
Le mois	Мѣсяцъ
La femaine	Недѣлѣ
Les jours de la femaine	Дни седмицы
Dimanche	Воскресенїе
Lundi	Понедѣльникъ
Mardi	Вторникъ
Mécredi	Середа
Jeudi	Четвертокъ
Vendredi	Пятница
Samedi	Суббота
Un jour ouvrier	Буднишной день
Un jour de fête	Праздничной день
Noël	Рождество Христово
Pâques	Пасха, свѣтлое Христово воскресенїе
La Pentecôte	Пятидесятница
La St. Jean	Ивановъ день
La St. Michel	Михайла Архангела
La Touffaints	Всѣхъ святыхъ
La Fête-Dieu	Праздникъ Христовъ
Le Carnaval	Карнавалъ
Le Mardi-gras	Заговѣнье
Le Mécredi des cendres	Середа на первой недѣлѣ великаго поста
Le Carême	Постъ
La femaine fainte	Страстная недѣля

Le

Le Jeudi faint	Великой четвертокъ
Le Vendredi faint	Великая пятница.
Le Samedi faint	Великая суббота
Le jour des rameaux, pâ-ques-fleuries	Вербное воскресенїе
La faifon	Година, годовое время
Les quatre faifons	Четыре годины
Le printems	Вѣсна
L'Eté	Лѣто
L'Automne	Осень
L'Hyver	Зима
Le nouvel an	Новой годъ
La nouvelle année	Новой годъ
La belle faifon	Лучшее время года, изрядная погода
L'arriére-faifon	Осеннее время
La moiffon, la récolte	Жатва, собиранїе хлѣба
Les vendanges	Собиранїе винограда
Les douze mois de l'année	Двенатцать мѣсяцовъ года
Janvier	Генварь
Fevrier	Февраль
Mars	Мартъ
Avril	Апрѣль
Mai	Май
Juin	Іюнь
Juillet	Іюль
Août	Августъ
Septembre	Сентябрь
Octobre	Октябрь
Novembre	Ноябрь
Décembre	Декабрь
Le premier de Janvier	1. Число Генваря

Le premier de Mai - -	1. Число Маїя
Le deux Avril - -	Второе Апрѣля
Le trois Mars - -	Третье Марта
La mi-Mai - - -	Половина Маїя
La mi Septembre -	Половина Сентября
Le quantiéme du mois avons-nous? - - - -	Которое нынѣ число?
C'eſt aujourd'hui le dix -	Десятое
Le onze - - -	Перьвое надѣсять
Le quinze - - -	Пятоенадесять
Le vingt - - -	Дватцатое
Le vingt & un - -	Дватцать перьвое
Le trente - - -	Тритцатое
Demain - - -	Завтра
Après-demain - -	Послѣ завтра
La veille - - -	На канунѣ
Le lendemain - -	Слѣдующаго дня
Le ſur-lendemain - -	Послѣ завтра
Dans deux jours - -	Въ два дни
Dans huit jours - -	Въ недѣлю
Dans quinze jours -	Въ двѣ недѣли
Dans trois ſemaines -	Въ три недѣли
Dans un mois - -	Въ мѣсяцъ
Dans trois mois - -	Въ три мѣсяца
Dans ſix mois - -	Въ шесть мѣсяцовъ
Dans neuf mois - -	Въ девять мѣсяцовъ
Dans un an - -	Въ одинъ годъ
Dans quinze mois -	Въ 15 мѣсяцовъ
Dans dix-huit mois -	Въ 18 мѣсяцовъ
Dans un an - -	Въ 1 годъ
Dans deux ans - -	Въ 2 года
Dans cent ans - -	Во 100 лѣтъ

Dans

Dans deux cents ans	Въ 200 лѣтъ
Un siécle	Вѣкъ, столѣтїе
Un demi-siécle	Полвѣка
Un tems infini	бесконечное время
Quand Monsr. votre frére reviendra-t-il?	Когда возвратится твой братецъ?
Quand partira-t-il?	Когда онъ поѣдетъ?
Quand arrivera-t-il?	Когда прибудетъ?
On l'attend bientôt	Его ожидаютъ въ скоромъ времяни
Incessamment	Ежечасно
Dans deux jours	Черезъ два дни
Aujourd'hui	Сего дни
Ce matin	Сего утра
Ce midi	Въ полдни
Ce soir	Сего вечера
Cette nuit	Сей ночи
Dans l'instant	Сея минуты
D'abord	Тотчасъ
Tout-à-l'heure	Сей часъ
Dans la minute	Сїю минуту
Dans un clin d'oeil	Во мгновенїе ока
Est-il allé à cheval?	Верьхомъ ли онъ поѣхалъ?
Non il est allé	Нѣтъ, онъ поѣхалъ
En carosse	Въ каретѣ
En chaise	Въ коляскѣ
En chaise de poste	Въ почтовой коляскѣ
En cariole	Въ одноколкѣ
Par le coche	Въ коляскѣ
En traineau	Въ саняхъ
En bâteau, par eau	Водою
Par terre	Сухимъ путемъ
Par mer	Моремъ

Com-

Comment reviendra-t-il?	Какъ онъ возвратится?
A cheval	На лошади
A pied	Пѣшъ
En bateau	Водою, на суднѣ
En chaloupe	На шлюпкѣ
Par un vaisseau	На кораблѣ

IX. Leçon.
УРОКЪ IX.

Comment se porte-t-on chez vous?	Всѣ ли у васъ здоровы?
Graces à Dieu	Слава богу
On se porte encore bien	Всѣ здоровы
Que fait-on?	Что дѣлаютъ?
Dort-on?	Еще почиваютъ,
Se léve-t-on?	Или встаютъ,
Déjeune-t-on?	Не завтракаютъ ли?
Dîne-t-on?	Не обѣдаютъ ли?
Mange-t-on?	Не кушаютъ ли?
On soupe	Ужинаютъ
On joue	Играютъ
On danse	Танцуютъ
On travaille	Работаютъ
On s'amuse	Веселятся
A quoi s'amuse-t-on?	Чѣмъ забавляются
On se promene	Прогуливаются,
Mlle. votre soeur que fait-elle?	Что дѣлаетъ ваша сестрица?
Elle est au logis	Она дома
Qu'y fait-elle?	Что она дѣлаетъ?
Elle coud	Шьетъ
Elle file	Прядетъ
Elle travaille	Работаетъ

Elle

Elle joue	Играетъ
Elle s'amuse	Забавляется
A quoi s'amuse-t-elle?	Чемъ она забавляется?
A rien	Ни чѣмъ
A pas grand' chose	
A des riens	бездѣлицею
A des bagatelles	Мѣлочью
A des babioles	Игрушками
Elle étudie sa leçon	Она учитъ урокъ
Elle apprend à broder	Она учится шить
A lire	Читать
A écrire	Писать
A danser	Танцовать
A jouer du clavecin	Играть на клавикордахъ
A toucher le clavecin	
A jouer de la guitarre	На цитрѣ
A jouer de la harpe	На арфѣ, на гусляхъ
C'est bien fait	} Очень хорошо.
C'est fort bien fait	
Elle fait fort bien	} Она разумно дѣлаетъ
Elle fait sagement	
Quel âge avez-vous?	Сколько вамъ лѣтъ отъ роду
J'ai dix ans	10. лѣтъ
J'ai vingt ans	20. лѣтъ
Je suis dans ma quinziéme année	Мнѣ пятнатцатой годъ
Je suis dans ma trentiéme année	Мнѣ уже тритцатой годъ
J'ai bientôt onze ans	Мнѣ скоро будетъ 11. лѣтъ
J'ai bientôt quinze ans	15 лѣтъ
J'aurai bientôt dix-huit ans	18 лѣтъ

J'aurai

J'aurai huit ans le douze du mois prochain - -	Мнѣ исполнится 12 числа будущаго мѣсяца 8. лѣтъ
J'aurai ſeize ans le dix-neuf Septembre - - -	Мнѣ исполнится 16 лѣтъ 19 Сентября
Vous êtes encore jeune -	Вы еще молоды
Vous n'êtes pas âgé - -	Вы еще не стары
Vous êtes dans votre bel age	Вы въ самой порѣ
Je ſuis dans mon printems	Я въ цвѣтущихъ лѣтахъ
Quel âge a-t-il? - -	Сколь онъ старъ,
Il a quarante ans - -	Ему отъ роду сорокъ лѣтъ
Il a près de cinquante ans	Около 50. лѣтъ
Il n'eſt pas encore fort âgé	Онъ не очень еще старъ
Il eſt déjà fort âgé - -	Онъ очень уже старъ
Il eſt avancé en âge - -	Онъ уже въ лѣтахъ
Il eſt fort avancé en âge -	Онъ очень уже старъ
Il eſt encore vigoureux -	Онъ еще бодръ, здоровъ
Il mange bien - - -	Онъ ѣстъ довольно
Il boit bien - - - -	Онъ пьетъ довольно
Il dort bien - - -	Онъ спитъ хорошо
Que lui manque-t-il? -	Чѣмъ онъ не здоровъ?
Il peut encore vivre dix à vingt ans - - -	Онъ проживетъ еще лѣтъ съ 10 или 20.
Il vivra jusqu'à cent ans -	Онъ сто лѣтъ проживетъ
Il vivra plus de cent ans -	Онъ болѣе ста лѣтъ проживетъ
Quel âge a cette Demoiſelle ?	Сколько лѣтъ сей дѣвицѣ?
Je ne ſais pas - - -	Я не знаю
Je crois qu'elle a ſix ans	Я думаю, что ей не болѣе 6 лѣтъ
C'eſt encore un enfant -	Она еще ребенокъ
Elle a dix ans - - -	Ей отъ роду 10 лѣтъ

Elle a quinze ans	Пятнатцать лѣтъ
Elle est jolie	Она пригожа
Elle est belle	Она хороша
Il est joli	Онъ пригожъ
Il est beau	Онъ пригожъ
C'est un joli garçon	Онъ изрядной дѣтина, малой,
Il est fort sage	Онъ дѣтина разумный, постоянный
Il se fera	Онъ будетъ человѣкъ
Elle se fera	Она будетъ человѣкъ
Il deviendra grand	Онъ будетъ великъ
Elle deviendra grande	Она будетъ велика
Elle est aimable	Она прïятна
Il a de l'esprit	Онъ уменъ
Elle a beaucoup d'esprit	Онъ очень уменъ
Il est vif	Онъ бодръ, (живъ)
Elle a de la vivacité	Она жива, весела
Votre pére vit-il encore?	Живъ ли вашъ батюшка?
Oui, il vit encore	Живъ
Non, il est mort	Нѣтъ, онъ умеръ
Votre mére vit-elle encore?	Мать ваша жива еще?
Oui, elle vit encore	Жива
Non, elle ne vit plus	Нѣтъ, она уже умерла
Elle est morte	Она скончалась
Y a-t-il long-tems?	Давно ли?
Il y a deux ans	Тому два года назадъ
Il y a long-tems	Давно уже
Il n'y a pas long-tems	Не давно
Il y aura bientôt trois ans	Скоро тому будетъ три года назадъ
Il y aura sept ans à Pâque	О святой недѣлѣ будетъ седмь лѣтъ

Avez-vous encore pére & mére ?	Живы ли у васъ отецъ и мать ?
A-t-il encore pére & mére ?	Живъ ли ещё у него отецъ и мать ?
Ont-ils des enfans ?	Есть ли у нихъ дѣти
Il ont un garçon & une fille	У нихъ сынъ да дочь
Ils ont beaucoup d'enfans	У нихъ много дѣтей
Il n'ont point d'enfans	У нихъ дѣтей нѣтъ
Ils n'ont point de fille	У нихъ дочери нѣтъ
Mais un fils unique	Но одинъ сынъ
Une fille unique	Одна дочь
Le pére & la mére	Отцъ и мать
Le fils & la fille	Сынъ и дочь
Le garçon, les garçons	Мальчикъ, мальчики
Le frére, la foeur	братъ, сестра
L'oncle, la tante	Дядя, тетка
Le neveu, la niéce	Племянникъ, племянница
Le coufin, la coufine	Двоюродный братъ, двоюродная сестра
Le beau-pére	Вотчимъ, тѣсть, свекръ
La belle-mére	Мачиха, теща, свекровь
Le beau-fils	Пасынокъ, зять
La beile fille	Патчерица, невѣстка
Le gendre	Зять
La bru	Сноха, невѣстка
C'é mon frére	Это братъ мой
C'ei ma foeur	Это сестра моя
Ce font mes fréres	Это мой братья
Et nes foeurs	И мой сестры
Ce font mes enfans	Это мой дѣти
Ce ont mes gens	Это мой люди

Quelles

Quelles gens font-ce ?	Что это за люди ?
Ce font nos domestiques	Наши служители
Ce font nos ouvriers	Наши мастеровые
C'est son domestique	Его служитель
C'est son valet	Его слуга
C'est fa fervante	Его служанка
C'est son maître	Его господинъ
C'est fa maîtresse	Его госпожа
C'est son précepteur	Его учитель
C'est fa gouvernante	Его учительница
Ce font leurs enfans	Ихъ дѣти
C'est leur enfant	Ихъ дитя, ребенокъ
C'est leur fils	Мхъ сынъ
C'est leur fille	Ихъ дочь
C'est notre pére	Нашъ отецъ
C'est notre mére	Наша мать
Quelles gens font-ce-là ?	Что это за люди ?
Qui font ces gens-là ?	
L'un est un avocat	Одинъ стряпчей
Et l'autre un conseiller	А другой Совѣтникъ
Celui-ci est le Comte de *	Этотъ Графъ *
Celui-là est le secretaire N*	А тотъ Секретарь N.
Ceux-ci font les parents	Это родственники
Ex ceux-là font des dome-stiques ?	А это служители
Quelles perfonnes font-ce-là	Какіе это люди ?
Celle-ci est la Comtesse de*	Это Графиня *
L'autre la Conseillére N*	А другая Совѣтниц N*
Celle-ci est une marchande	Эта купецкая жена
Et celle-là l'époufe de Monfr. le Préfident N*	А та супруга госпдина Президента N*
Celles-ci font des Bourgeoi-fes	Это мѣщанки

Et

Et celles-là des étrangéres -	А тѣ чужестранныя
Voici l'époux de Madame N * - - - -	Вотъ супругъ госпожи N *
Et voila l'épouse de Monsr. N * - - - -	И вотъ супруга господина N *
Il paroit encore jeune -	Кажется, что онъ еще молодъ
Et elle paroit fort âgée -	А она кажется быть уже очень стара
Vous avez raison - -	Это такъ
Elle étoit veuve quand il l'a épousée - -	Онъ взялъ ее за себя вдовою
Et il y a beaucoup d'apparence - - -	И легко станется,
Qu'il sera bientôt veuf à son tour - - - •	Что онъ скоро овдовѣетъ
Y a-t-il des enfans du premier lit ? - - -	Есть ли у него отъ перваго ложа дѣти
Il y en a deux -	Есть у него двое
Un gançon - - - -	Сынъ
Et une fille - - - -	Да дочь
Lui est marié - - -	Онъ женатъ
Et elle ne l'est pas encore	Она еще не замужемъ
Mais on dit - - -	Однако говорятъ
Qu'elle le sera bientôt -	Что она скоро выдетъ замужъ
On parle de la marier -	Говорятъ, что она скоро замужъ выдетъ
Elle épousera, dit-on -	Она выдетъ за сына
Le fils de Son Excellence Monsr. le Lieutenant Général de ** - - -	Его Превосходительства господина Генерала Порутчика *
Qui est fort riche - -	Которой очень богатъ

Et

Et qui n'a que ce seul fils -	И у котораго одинъ только сынъ
C'eſt un bon parti pour lui.	Онъ симъ бракомъ щасливъ будетъ
C'eſt un bon parti pour elle.	Она симъ бракомъ щаслива будетъ

X. Leçon.
УРОКЪ X.

Quel tems fait-il? -	Какая на дворѣ погода?
Il fait beau tems -	Изрядная погода на дворѣ
Il fait un tems charmant -	Очень пріятная погода
Il fait un tems admirable -	благополучная погода
Il fait du ſoleil -	Солнце сіяетъ
Il fait un beau ſoleil -	Весьма ясная погода
Mais il fait chaud -	Однакожъ жарко
Il fait fort chaud -	Весьма жаркой день
Il fait une grande chaleur -	
Il fait extrémement chaud -	Очень жаркой день
Il fait une chaleur exceſſive, - inſupportable -	Чрезвычайно, жарко несносной жаръ
Nous aurons un orage -	Погода будетъ (туча)
Nous aurons du tonnerre -	Нынѣ громъ будетъ
De la pluie -	Дожжикъ будетъ
Il commence à pleuvoir -	Дожжикъ льетъ ужé
Il pleut -	Дожжикъ идетъ
Il fait du vent -	Вѣтрено
Il fait des éclairs -	Молнія блистаетъ
Il fait du tonnerre -	Громъ гремитъ
Il tonne -	Громъ гремитъ
Il pleut à verſe -	Сильной дождь идетъ
Il fait un vilain tems -	Худая погода
Il fait un tems affreux -	Очень худая погода

Il ne fait que pleuvoir	безпрестанно дождь идетъ
Il pleut continuellement	Дождь не перестаетъ
Il ne ceſſe de pleuvoir	Все дождь идетъ
Il fait un tems	Погода такъ худа что изъ двора выитти не можно
Qu'on ne mettroit pas un chien à la porte	
Il fait un très-mauvais tems	Весьма худая погода стала
Il fait de la boue	Грязно стало
Il fait bien de la boue	Очень грязно
Il fait crotté	Грязно
Il fait bien crotté	Очень грязно
Il n'eſt pas poſſible	Невозможно
D'aller à pied	Пѣшкомъ ходить
I pleut	Дожжикъ идетъ
Il grêle	Градъ идетъ
Il neige	Снѣгъ идетъ
Il géle	Морозитъ
Il commence à géler	Морозитъ стало
Il géle bien fort	Сильно морозитъ
La Néva eſt priſe	Нева стала
La Néva eſt toute gelée	Нева покрылась льдомъ
Elle eſt toute couverte de glace	Она совсѣмъ покрыта льдомъ
Elle porte déjà	Уже ледъ подымаетъ людей
On y paſſe à pied	Ходятъ уже по ней пѣшкомъ
On y paſſe en traîneau	По ней уже ѣздятъ въ саняхъ
On y paſſe en voiture	По ней въ коляскѣ ѣздятъ
Elle dégéle	Ледъ таетъ

Elle

Elle commence à dégéler -	Ледъ сталъ таятъ
La glace eſt rompue - -	Ее ужѐ взломало
La riviére ſe nettoie - -	Она ужѐ прошла
Elle charie de gros glaçons	По ней большой ледъ идетъ
Elle ne charie plus - -	По ней ледъ ужѐ не идетъ
On mettra bientôt le pont-	Скоро мостъ наведутъ
On met le pont de bateaux	Дѣлаютъ мостъ на судахъ
Le pont eſt mis - -	Мостъ наведенъ
Il eſt achevé - - -	Онъ ужѐ совсѣмъ готовъ
On y paſſe déjà - -	Ходятъ по мосту, и на лошадяхъ ѣздятъ
On y paſſe à pied, à cheval & en voiture -	
Quelle heure eſt-il ? -	Которой часъ ?
Il eſt une heure - -	Часъ
- - deux heures - -	Два
- - trois heures - -	Три
- - quatre heures -	Четыре
- - cinq heures - -	Пять
- - ſix heures - -	Шесть
- - ſept heures - -	Седмь
- - huit heures - -	Восемь
- - neuf heures - -	Девять
- - dix heures - -	Десять
- - onze heures - -	Одинатцать

бⷩⷭⷪ> било (для часовъ)

Il eſt midi - - -	Двенатцать било
- - midi & un quart -	Четверть перваго часа
- - midi & demi -	Половина перваго часа
- - une heure moins un quart - - - -	Три четверти перваго
- - une heure & un quart	Четверть втораго часа
- - une heure & demie	Половина втораго часа

Il est deux heures moins un quart - - - -	Три четверти втораго часа
- - deux heures & demie	Половина третьяго
- - minuit - - -	Полночь
- - minuit & un quart -	Четверть по полуночи
- - minuit & demi -	Полчаса по полуночи
- - encore de bonne heure	Рано еще
- - déjà tard - - -	Ужé поздно
Il se fait tard - - -	Позлно
Il n'est pas tard - -	Не поздно
Il est déjà fort tard - -	Очень ужé поздно
Il est trop tard - - -	Весьма поздно
Pourquoi voulez-vous déjà vous en aller? - -	Для чего вы ужé хотите прочь итти?
Pourquoi vous en allez-vous déjà? - - - -	Для чего вы ужé прочь идете?
Attendez encore un peu -	Погодите еще не множко
Attendez encore un moment	Постойте на часъ
Ne vous en allez pas si vîte	Не уходите такъ скоро
- - - - - sitôt -	Не уходите такъ рано
- - - - - encore	Не уходите еще
C'est trop tôt - - -	Очень рано
C'est trop tard - - -	Очень поздно
Vous êtes bien pressé -	Вы очень спѣшите
Quelle heure est-il - -	Которой часъ
A votre montre? - -	На вашихъ часахъ?
Il est sept heures - -	Десять минутъ
Et dix minutes - - -	Осмаго часа
Et vingt minutes - -	Дватцать минутъ
Il est justement onze heures	Ровно одинатцать
Il est justement midi -	Ровно двенатцать
Il est juste minuit - -	Ровно полночь
Il est juste cinq heures -	Ровно пять часовъ

Eh

Eh bien, vous avez encore	Еще
Du tems de reſte - -	Вамъ время
Pardonnez-moi - - -	Не погнѣвайтесь
Il faut que je m'en aille -	Мнѣ надобно итти
Votre montre va-t-elle bien? - - - -	Вѣрно ли ваши часы ходятъ?
Oui, elle va bien - -	Да, очень вѣрно
Elle retarde un peu - -	Они нѣсколько отстали
Elle retarde de cinq minutes - - - - -	Они пятью минутами отстали
Elle avance - - - -	Они уходятъ
Elle avance de neuf minutes - - - -	Они уходятъ девятью минутами
Elle avance d'une demi-heure - - - -	Они уходятъ тритцатью минутами
Elle eſt arrêtée - - -	Они остановились
Elle ne va pas - - -	Они не ходятъ
Elle eſt détraquée - -	Они сошли
Le reſſort eſt caſſé - -	Пружина сломалась
Elle ne va pas - - -	Они не ходятъ
Il faut la remonter - -	Надобно ихъ опять завести
Je viens de la remonter -	Я ихъ теперь завелъ
A préſent elle va - -	Теперь они идутъ
Comment la réglez-vous? -	На которой часъ вы ихъ ставите
L'avez-vous réglée? - -	Поставили ли вы часы?
Je la régle tous les jours -	Я ихъ всякой день ставлю
Au ſoleil - - - -	По сольнцу
Au méridien - - -	По мередїану
A l'horloge de l'Amirauté	По адмиральтейскимъ часамъ

A notre pendule - -	По нашимъ стѣннымъ часамъ
Nous avons une bonne pen-dule - - - -	Наши стѣнные часы хороши
Elle sonne les heures -	бьютъ часы
Et les quarts d'heure -	И четверти часа
Quelle montre est-ce-là? -	Какіе эти часы
C'est une montre d'Angle-terre - - - -	Они Аглинскіе
C'est une montre à répétition - - - de Généve	Эти часы съ репетиціею
- - - de Généve	Эти женевскіе часы
- - - d'or -	Эти золотые часы
Mais la chaîne - -	Но цѣпочка
Est de tombac doré -	Тампаковая и вызоло-ченая
Elle est jolie - - -	Они хороши
Elle est petite - -	Маленькіе
Elle est mignonne - -	Очень хороши
Combien vous coute-t-elle?	Во что они вамъ стали?
Combien vous a-t-elle couté? - - -	Что вы за нихъ дали?
J'en ai donné cent Roubles	Я далъ сто рублей
Cinquante Roubles - -	Пятдесятъ рублей
Trente Roubles - -	Тритцать рублей
Vingt-cinq Roubles -	Дватцать пять рублей
C'est beaucoup - -	Дорого
C'est trop - - -	Это очень много
C'est assez - - -	Довольно
Ce n'est pas cher - -	Не дорого
Si elle est bonne - -	Ежели они хороши
Si elle va bien - - -	Ежели они хорошо идутъ
Oh pour cela - - -	Въ томъ я васъ обнаде-живаю

Je

Je vous en réponds	Я васъ въ томъ увѣряю
Je vous en assure	Я васъ увѣряю
Je vous la garantis pour bonne	Я въ томъ поручаюсь . что они хороши
Je l'ai eue	Они у меня были
Six mois à l'épreuve	Шесть мѣсяцовъ на пробѣ
Si vous voulez	Ежели вы хотите
Je vous la vendrai	Я вамъ оныя продамъ
Combien en voulez-vous	
Donnez-m'en	чего вы за нихъ просите
Trente-cinq Roubles	Тритцать пять рублей
Je vous jure	Я божусь
Je vous assure	
Je vous proteste	Я васъ увѣряю
Qu'elle m'en coûte quarante	Что они мнѣ стали въ сорокъ
C'est trop cher pour moi	Онѣ для меня очень дороги
Je vous en donnerai	Я вамъ дамъ
Je vous en offre	Я дамъ
Trente	Тритцать
Eh bien, je vous la laisse	Хорошо возмите
A ce prix	За эту цѣну
Tenez, la voilà	Вотъ они
Avec la chaîne	Съ цѣпочкою
Le cachet	Съ печатью
Le chiffre	Съ вензелемъ
Et les breloques	Съ протчими штучками
Je veux en acheter une	Я куплю себѣ часы
D'argent	Серебреные
De tombac	Томпаковые
D'or	Золотые
Car je ne saurois	Потому мнѣ нельзя

 Me

Me paſſer - - - -	быть
De montre - - - -	безъ часовъ

XI. Leçon.

Sur les Particules relatives, *le*, *la*, *l'*, *les*, *y*, *en*.

У Р О К Ъ XI.

О употребленіи частицъ возносительныхъ, le, la, l', les, y, en.

Avez-vous mon livre? -	У васъ ли моя книга?
Oui, je l'ai - - -	Да, у меня
Si vous le voulez, le voilà	Ежели вамъ ее надобно, то возмите
Le voici, tenez - - -	Вотъ она
Prenez-le - - - -	Возмите ее
Où eſt la plume? - -	Гдѣ перо?
L'avez-vous vue? - -	Видѣли ли вы ево?
Non, je ne l'ai pas vue -	Нѣтъ, я ево не видалъ.
Je ne ſais qui me l'a priſe	Я не знаю, кто ево у меня взялъ,
Ni moi non plus - -	И я также не знаю.
Elle étoit dans mon étui à plumes - - - -	Оно у меня было въ футлярѣ
Cherchez-la - - -	Ищите ево тамъ
Vous la trouverez peut-être	Можетъ быть вы ево найдете
Par terre, ſur la table -	На полу, на столѣ.
Sous la table - - -	Подъ столомъ.
Tenez, la voilà dans l'encrier	Вотъ оно въ чернильницѣ

 Une

Une autre fois ayez mieux soin de vos livres & de vos plumes - - -	Въ другой разъ лутче берегите своихъ книгъ, и перьевъ
Mettez-les à leur place, rangez-les comme il faut -	Положите ихъ къ мѣсту куды что надлежитъ.
Quand les jeunes gens font négligens , pareffeux il faut les punir, les châtier	Когда дѣти нерадивы , лѣнивы, то ихъ зато наказывать должно
Il ne faut jamais les flatter	Ихъ никогда ласкать не должно
Cela les gâte - - -	Это ихъ портитъ.
Connoiffez - vous cet homme - là ? - - - -	Знаете ли вы этого человѣка ?
Oui, je le connois - -	Да , я ево знаю.
Non, je ne le connois pas	Нѣтъ , я ево не знаю.
Votre frére dit qu'il le connoit - - - -	Вашъ братецъ говоритъ, будто онъ ево знаетъ.
Il doit le connoître particuliérement - - -	Надобно чтобъ онъ ево очень зналъ
Car ils font fouvent enfemble - - - - -	Потому что они часто бываютъ въ мѣстѣ
Pour moi je le connois de nom, de renommée, de réputation - - -	Что до меня касается, я ево только по имени знаю,
Mais je ne le connois pas perfonellement - -	Но по лицу ево не знаю.
Je l'ai vu deux ou trois fois fans favoir qui il étoit - - - - -	Я ево видѣлъ раза два или три , не знаю, кто онъ таковъ
Et cette Dame, la connoiffez-vous ? - - - -	А эту госпожу , знаете ли вы ?
Oui, je la connois - -	Да , я ее знаю.
Non, je ne la connois pas	Нѣтъ , я ее не знаю.

Je voudrois bien la connoî- tre - - - - -	Я бы хотѣлъ ее знать.
Je la vois souvent passer devant notre maison -	Она часто мимо нашего двора ходитъ
Par cette rue - - -	По этой улицѣ.
Ma soeur la rencontre quel- quefois, fort souvent -	Она попадается моей сестрѣ очень часто
Et elles se saluent l'une l'autre - - - -	Онѣ другъ другу кла- няются
Il faut que votre soeur la connoisse - - - -	Надобно чтобъ ваша се- стрица ее знала.
Oui, elle la connoit mieux que moi - - - -	Да, она ее знаетъ лутче меня.
Voilà des Messieurs & des Dames - - - -	Вотъ господа и госпожи
Les voyez-vous? - -	Видите ли вы ихъ?
Oui, je les vois venir -	Да, я вижу что они сюды идутъ.
Ils viennent à nous, de notre côté - - -	Они къ намъ идутъ на- встрѣчу
Nous les rencontrerons -	А мы съ ними встрѣтимся
Les voilà près de nous -	Вотъ, они ужé недалеко
Il faut les saluer - -	Надобно имъ поклониться
Je le veux bien - - -	Хорошо поклонюсь.
Et moi aussi - - -	И я также.
Les Dames ne sauroient le prendre de mauvaise part, ni les Messieurs non plus	Госпожи насъ за то не осудятъ нижé господа
Qu'ils le prennent comme ils voudront - - -	Какъ хотятъ.
Qu'importe? - - -	Что нужды, нѣтъ ничево
Qu'il le prenne comme il voudra - - - -	Пусть онъ осудитъ или нѣтъ.

Cela

Cela ne fait rien	Нѣтъ ничево,
Cela ne me fait rien	Это даромъ
Cela ne nous fait rien	Для насъ это даромъ
Une politesse est toujours bien placée	Учтивство всегда къ стати
Cela est vrai	Это правда
Cela est sûr	Это подлинно
Je le sais	Я это знаю
Je vous l'accorde	Я неспорю, и я тогожъ мнѣнія.
Personne ne sauroit le nier,	Никто не скажетъ что нетакъ
Le désapprouver, le blâmer.	Никто не похулитъ, никто не осудитъ
Pourquoi le désapprouve-roit-on ?	Для чего это хулить?
Eh bien, comment va la santé	Какъ вы можете, все ли въ добромъ здоровьѣ?
Vous trouvez-vous mieux ?	Легче ли вамъ?
Etes-vous encore malade ?	Что вы еще больны?
Je le suis encore un peu, mais cela va mieux	Я еще нѣсколько боленъ, но уже мнѣ полегче стало.
Et Madame votre épouse, l'est-elle encore ?	А сожительница ваша еще больна?
Non elle ne l'est plus	Нѣтъ, она уже выздоровѣла
J'ai appris que vos enfans étoient indisposés	Я слышалъ что дѣти ваши были больны
Cela est-il vrai ?	Правда ли это?
Ils le sont encore un peu	Да, они еще нѣсколько больны.
Mais ce n'est rien, cela se passera	Однако неочень, пройдетъ.

Еп.

Est-il vrai que vous êtes fâché contre moi? -	Правда ли это, что вы на меня сердиты?
Non je ne le suis pas -	Нѣтъ, я не сердитъ.
Qui vous l'a dit? -	Кто это вамъ сказалъ?
Cela est faux . -	Это не правда,
Pourquoi ferois-je faché contre vous? - - -	За что мнѣ на васъ сердиться?
A Dieu ne plaise que je le sois - - - -	Не дай Богъ чтобъ я на васъ сердился.
Eh! vous ne m'avez rien fait - - - -	Вы мнѣ ничего не здѣлали
Si je l'étois je vous le dirois. - - - -	Ежели бы я былъ на васъ сердитъ, тобы я вамъ сказалъ.
Mais vous ne m'avez jamais donné sujet de l'être -	Но вы мнѣ никогда не подавали причины на васъ сердиться.
A la bonne heure - -	Очень хорошо.
Je suis charmé que vous me le disiez franchement -	Я радуюсь что вы мнѣ это сказали безъ обиняковъ,
Avez-vous de l'argent? -	Есть ли у васъ деньги?
Oui, j'en ai un peu - -	Есть, да не много
Combien en avez-vous? -	Сколько?
Hélas! je n'en ai pas beaucoup - - - -	Ахъ! не много
En avez-vous assez pour m'en prêter? - - -	Есть ли у васъ столько, чтобъ мнѣ въ долгъ дать?
Combien en avez-vous? -	Сколько у васъ?
Je n'ai qu'un demi-Rouble	У меня только полтина
Un quart de Rouble, ou	Четверть рубля или
Vingt-cinq copics -	Двадцать пять копѣекъ

Une grive, ou - - - Гривна, или

Dix copics - - - Десять копѣекъ

Eh bien, gardez cela pour vous - - - - Хорошо оставте это для себя

Vous n'en [avez pas de reſte - - - - - У васъ самихъ лишняго нѣтъ.

Il eſt bien vrai - - - Это правда,

Cependant diſpoſez - en - Однако возмите, сколько у меня есть

Prenez - en ce qu'il vous plaira - - - - Возмите сколько вамъ угодно

Tout eſt à votre ſervice - Возмите хоть все.

Mais vous en avez beſoin? А вамъ въ нихъ нужда?

Vous en aurez beſoin vous-même - - - - Вамъ самимъ въ нихъ нужда будетъ

Oh que non. - - - Никакъ.

Je m'en paſſerai bien aujourd'hui & demain - Они мнѣ не надобны ни севодни ни завтра,

Voilà de bon pain & de bon fromage - - - - Вотъ хорошей хлѣбъ и хорошей сыръ,

Mangez - en - - - - Покушайте ево.

Et voici de la biére & du vin - - - - Вотъ здѣсь пиво и вино

En voulez - vous? - - Изволите ли?

Vous en plait - il? - - Прикажите ли?

En ſouhaitez - vous? - - Желаете ли?

Le coeur vous en dit - il? Хочеться ли вамъ?

Buvez - en ſans façon - - Пейте безъ всякихъ церемонїй,

Je vous en prie - - Я васъ прошу,

Je vous en conjure - - Я васъ покорно прошу,

Je vous en ſupplie - - Всепокорнѣйше прошу,

Aſſurément c'eſt être bien obligeant, bien poli, - Право вы очень учтивы.

Н

Il est bien civil, il est fort complaisant - - -	Онъ весьма учтивъ.
Elle est très - gracieuse & fort prévenante - -	Она очень учтива? привѣтлива, ласкова.
Je m'en étonne - - -	Я тому удивляюсь.
J'en suis surpris, j'en suis étonné - - - -	Я тому дивлюся.
Pourquoi s'en étonner ? -	Чему дивиться ?
Les personnes bien élevées en agissent librement, en gens d'esprit, en gens qui savent vivre - - -	Люди хорошо воспитанные поступаютъ смѣло какъ надлѣжитъ разумнымъ людямъ, такимъ людямъ, которые съ другими умѣютъ обходиться,
Irons-nous aujourd'hui faire un tour de promenade ?	Пойдемъ ли мы сеѣодни гулять ?
Où irons-nous ? - -	Куда намъ итти ?
Où irez vous ? - - -	Куда вы пойдете ?
Où irai-je ? - - - -	Куда мнѣ итти ?
Je n'en fais rien - -	Я право не знаю.
Allez vous au Vasili-Ostrof ? - - - -	Пойдѣте ли вы на васильевской островъ ?
Oui j'y vais - - -	Да я туда иду.
Voulez-vous y aller ? -	И вы туда пойдете ?
Je le veux bien - - -	Добро.
Nous y irons ensemble -	Мы вмѣстѣ туда пойдемъ.
J'y consens, allons-y -	Я согласенъ, пойдемъ туда,
Si j'y vais je vous le dirai	Ежели туда пойду, что вамъ скажу.
Je vous le ferai dire -	Я пошлю къ вамъ сказать.
Fort-bien, n'y manquez pas - - - -	Изрядно, только не позабудьте. Іга і

Irai-je là-bas ?	Пойти ли мнѣ туда ?
Où donc ?	Кудажъ ?
Où je vous ai dit tantôt	Куда я вамъ сей часъ сказалъ.
Oui allez-y	Хорошо пойдите туда.
Non n'y allez pas	Нѣтъ, неходите туда.
Venez avec moi	Пойдемъ со мною.
Ne voulez-vous pas y venir ?	Не придетели вы туда?
Qu'y ferai-je ?	Что мнѣ тамъ дѣлать?
Je n'y ai point de plai-sir	Я тамъ никакого веселья не нахожу
Je n'y connois perſonne	Я тамъ никого не знаю.
Pour moi j'y ai bien du plai-sir	А для меня тамъ очень весело
J'y vais fort ſouvent	Я часто туда хожу
Nous y allons toutes les ſe-maines une fois, une ou deux fois, trois fois, qua-tre fois	Мы на всякую недѣлю ходимъ туда поодному по два, по три, по четыре раза
Quand il nous plait	Когда намъ угодно.
Quand je veux	Когда я хочу
Quand il me plait	Когда мнѣ полюбится
Quand nous voulons	Когда мы хотимъ
Quand bon nous ſemble	Когда намъ вздумается
M'entendez--vous ?	Разумѣете ли меня ?
Oui, je vous entends bien	Да я васъ довольно разумѣю
Vous l'avez déviné	Вы угадали
Vous y êtes	Отгадали.
Vous n'y êtes pas	Вы не отгадали.
Y viendrez-vous ?	Придетели вы туды?
Y viendra-t-il ?	Придетъ ли онъ туда?
Y viendront-ils ?	Придутъ ли они туда?

Y viendront-elles?	Придутъ ли онѣ туда?
S'ils y vont j'y irai auffi	Ежели они туда пойдутъ то и я пойду.
Si elles y vont nous y irons auffi	Ежели онѣ туды пойдутъ то и мы пойдемъ.
Fort bien la chofe en reftera-là	Изрядно, быть посему
Nous en refterons-là	быть по тому
Mais n'y manquez pas	Только не забудьте.

XII. Leçon.

УРОКЪ XII.

Qu'y a-t-il?	Кто тутъ?
Qu'entends-je?	Что я слышу?
Quel bruit eft-ce-là?	Что тамъ за шумъ?
Quel vacarme eft-ce-là?	Что за крикъ?
On dit qu'il y a du feu	Говорятъ, что пожаръ
Où donc?	А гдѣжъ?
Je ne fais pas	Я тово не знаю
J'entends dire	Я слышу, что говорятъ,
Que c'eft dans la rue de *	Что на улицѣ N.
Et qu'il y a déjà deux maifons de brûlées	И что уже два двора згорѣли.
Voila bien du monde	Вотъ сколько народу.
Que fignifie tout ce monde-là?	Что за народъ?
Quel peuple?	Сколько народу?
Que de gens!	Сколько людей!
Que de populace!	
Quelle populace!	Сколько народу!
Quelle foule!	
Quelle cohue!	Сколько людей?

Quelle

Quelle foule de gens !	Что за народъ?
Quelle foule de monde !	
On ne sauroit passer	Не льзя пройти.
La presse est si grande qu' on étouffe	Такая тѣснота что и пройти не льзя.
On se porte les uns les autres	Другъ друга носятъ
Prenons un autre chemin	Пойдемъ другою дорогою.
Quel chemin prendrons-nous ?	Какою?
Par quelle rue irons-nous ?	По какой улицѣ намъ итти ?
Par où irez-vous ?	По какой дорогѣ пойдете вы ?
Par où vous voudrez	По которой вы изволите
Passons par ici	Пойдемъ по этой дорогѣ.
Allons par-là	Пойдемъ по той дорогѣ
Il fait trop crotté par-là	Тамъ очень грязно
Par cette rue	По сей улицѣ
De ce côté	По сей сторонѣ.
Il fait meilleur par ici	Здѣсь лутче
De l'autre côté	На той сторонѣ
Prenons un traîneau	Сядемъ въ сани.
Je m'en vais prendre un traîneau	Я хочу сани взять.
Il faut prendre un traîneau	Надобно сѣсть въ сани
Prenez une voiture	Садитесь въ коляску
Prenez une Cariole	Садитесь въ одноколку.
Oui , j'en prendrois bien une , mais je crains de renverser , de culbuter	Я бы взялъ одноколку но боюсь, чтобы не вывалиться, опрокинуться
De me casser bras & jambes	Чтобъ не переломать рукъ и ногъ

Faites

Faites comme vous voudrez	Дѣлайте какъ хотите.
Puisqu'il fait beau, puisqu'il fait fec, j'irai à pied -	Я пойду пѣшкомъ, потому что хорошая погода, сухо.
Vous ferez bien - -	Хорошо.
Vous ferez mieux - -	Вы лутче здѣлаете
Il n'y a pas tant de risque - - - - -	Не такъ опасно, большой опасности нѣтъ.
Prenez garde à vous -	Берегитесь.
Retirez - vous - - -	Посторонитесь, подите посторону.
Rangez - vous - - -	Станьте въ порядокъ.
Mettez - vous de côté -	Станьте къ сторонѣ.
Laiſſez paſſer ce cheval, ces chevaux, ce chariot, cette voiture - - - -	Дайте проѣхать этой лошали, лошадямъ, тѣлегѣ, коляскѣ.
Entrons ici dans cette boutique - - - -	Войдемъ въ эту лавку.
Avez - vous des bas de foie ? - - - -	Есть ли у васъ шелковые чулки?
Vendez - vous de la mouſſeline, des dentelles ? -	Продаете ли вы кисею, кружево?
Avez-vous du papier ? -	Есть ли у васъ бумага?
De la cire d'eſpagne ? -	- - - - Сургучъ?
De la cire à cacheter ? -	- - - - Сургучъ?
De l'encre & des plumes ? -	Чернилы и перья?
Combien vendez - vous cela ? - - - - -	По какой цѣнѣ вы это продаете?
Combien vendez - vous l'aune ? - - - - -	Почему продаете вы аршинъ?
La livre ? - - - -	Фунтъ?
La douzaine ? - - -	Дюжину?
La demi - douzaine ? - -	Полдюжины?

G

Com.

Combien en souhaitez-vous?	Сколько вамъ надобно?
Combien vous en plait-il?	Сколько изволите?
Donnez m'en une aune	Отрѣжьте мнѣ отъ этова аршинъ
Une demi-aune	Поларшина.
Une aune & demie	Полтара аршина
Une aune & un quart	Аршинъ съ четвертью.
Une livre & demie	Отвѣсьте мнѣ эти во полтара фунта
Un quart de livre	Четверть фунта.
Une once, deux onces	Одну унцію, двѣ унціи.
Un lot, deux lots	Одинъ лотъ, два лота.
Un paquet de plumes	Дайте мнѣ пукъ перьевъ
Un paquet de tabac à fumer	Картусъ курительнаго табаку.
Une livre de tabac en poudre	Фунтъ носоваго табаку.
De St. Vincent	Фунтъ десантъ винценту
De St. Omer	Сантъ Омеру
De Paris	Парижскаго.
De Dunkerque	Дюнкиркскаго
Du tabac d'espagne	Ишпанскаго.
Du vin de france	Францускаго вина
Du bourgogne	Бургонскаго
Du champagne	Шампанскаго.
Du vin de pays	Здѣшняго
Du vin d'hongrie	Вѣнгерскаго
De la biére d'angleterre	Аглинскаго пива
De l'hydromel	Меду
Des liqueurs	Ликеровъ
De l'eau de vie	Водки
De l'eau de vie de france	Француской водки

Nous

Nous en avons vu assez ici : : : :	Мы довольно того здѣсь видали
Allons plus loin : : :	Пойдемте подалѣ:
Retournons sur nos pas :	Пойдемте назадъ:
Je m'en vais au logis :	Я иду домой
Et moi aussi : : :	И я также
Eh bien, adieu, à l'honneur:	Такъ прощайте.
A l'honneur de vous revoir:	Прощайте пока опять не увидимся:
A vous revoir : : :	Приходите поскорѣе назадъ:
Revenez bientôt : : :	Милости просимъ къ себѣ.
Venez bientôt me voir :	Вы очень рѣдко ко мнѣ жалуете
Vous venez bien rare-ment : : : :	Васъ очень рѣдко видать:
On vous voit bien rarement:	У меня очень много дѣла
C'est que j'ai à faire : :	И я притомъ одинъ:
C'est que je suis seul :	Мнѣ не можно ходить со двора когда захочется.
C'est que je ne saurois sortir quand bon me semble	Какое у васъ дѣло?
Qu'avez vous à faire? :	Что за дѣло у васъ?
Quelles sont donc vos affaires? : : : :	Поэтому у васъ много дѣла?
Vous avez donc bien à faire? : : : :	Живетъ:
Passablement : : :	Я весь день тружусь:
Je suis occupé toute la journée : : : :	Мнѣ почти недостаетъ времяни со двора ходить, прогуливаться.
Je n'ai guére le tems de sortir ; de me promener : : : :	Тѣмъ лутче.
Tant mieux : : :	По этому, видно что
C'est une bonne marque;	

C'est

c'eſt que vous gagnez beaucoup - - -	вы доſтаете много денегъ
Pas tant, s'il vous plait -	Не такъ много, какъ вы думаете.
Tout eſt cher - - -	Все дорого.
Il faut bien travailler pour gagner quelque choſe -	Надобно много трудить-ся, чтобъ себѣ что нибуть нажить.

XIII. L ᴇ ç o ɴ.

Sur les adjectifs & leurs dégrés de comparaiſon.

У Р О К Ъ XIII.

О именахъ прилагательныхъ и уравнитель-ныхъ ſтепеняхъ.

On dit que ce marchand eſt riche - - - -	Говорятъ, что этотъ купецъ богатъ.
Cela eſt vrai, & même il eſt plus riche qu'on ne le dit - - - -	Ето правда, да онъ еще гораздо богатѣе, не-жели какъ люди гово-рятъ.
C'eſt le plus riche marchand de cette ville - - -	Онъ самой богатой ку-пецъ въ семъ городѣ.
Il a amaſſé de grandes ri-cheſſes - - - -	Онъ себѣ нажилъ великое богатство
Il eſt riche de plus de trois cents mille Roubles -	У нево болѣе 300000. ру-блевъ.
Bagatelle que cela! - -	Ето бездѣлица, ничево не ſтоитъ.
Il y en a encore de plus riches que lui - -	Есть еще гораздо бога-тѣе ево,

Quel-

Quelque riche qu'il foit, il ne laiffe pas que d'être avare	Сколь онъ ни богатъ, только скупъ.
On le dit cependant génereux & charitable - -	Однако говорятъ, что щедръ и податливъ.
S'il étoit auffi généreux & auffi charitable que vous le dites - - - -	Ежели бы онъ былъ такъ щедръ и податливъ какъ говорите,
Il n'en feroit que plus eftimé - - - -	Тобъ его болѣе почитали
Mais il eft fort chiche -	Однако скупяга
Il eft fi avare qu'il fe refufe même le néceffaire -	Онъ такъ скупъ, что самъ нужду терпитъ.
Il eft donc bien à plaindre avec toutes fes richeffes - - -	Онъ очень с жалѣнія достоинъ, не смотря на то что богатъ
Je le croyois très - heureux ; - - - -	Я ево почиталъ за веьма щастливаго человѣка,
Mais à ce que j'entends, à ce que je vois, il eft trèsmalheureux - - -	Но какъ я слышу и вижу то онъ очень не щастливъ.
Son voifin, qui eft un pauvre homme, eft affu ément plus heureux que lui .	Сосѣдъ ево, которой человѣкъ убогой, гораздо щастливѣе
Et infiniment plus eftimamable - - -	И несравненно больше достоинъ почтенія.
Que fert d'avoir tant de bien, fi l'on ne fait s'en faire honneur ? - - -	Къ чему служитъ такое богатство, естьли ево не употреблять?
Ce drap me plait - -	Ето сукно мнѣ нравится.
Il eft fort beau - -	Оно очень хорошо,
Tenez, en voici de plus beau - - - -	Вотъ, которое гораздо лутче,
En effet c'eft le plus beau	Ето правда, что самое drap

drap que l'on puisse voir	лутчее сукно, которое достать можно.
De quel prix est-il?	Почему?
Il n'a point de prix, car il n'est pas à vendre	Нѣтъ ему цѣны, потому что не продажное,
Mais enfin à combien en évaluez-vous l'aune?	Однако почему вы продаете аршинъ?
Tout au-moins à 4. 5. 6. 7. 8. Roubles	Самая крайная цѣна 4. 5. 6. 7. 8. рублевъ.
C'est bien cher!	Очень дорого!
C'est trop cher	Чрезмѣрно дорого.
C'est un prix exorbitant	Ето высокая цѣна
C'est d'une cherté extrême	Ето чрезвычайно дорого.
Je n'ai rien vu de si beau, de si fin, de si fort, de si bonne durée	Я не видалъ еще сукна, которое бы было такъ хорошо такъ тонко и такъ крѣпко.
Que dites-vous de ce vin?	Каково вамъ кажется ето вино?
N'est-il pas bon?	Не хорошо ли оно?
Il est très-bon	Оно очень хорошо
Je n'en connois pas de meilleur	Я лутчева не видалъ.
En effet c'est le meilleur vin que j'aie bu de ma vie	Правда я отроду такова вина не пивалъ.
Ne le flattez pas	Не хвалите ево,
Il n'est sûrement pas mauvais	Оно право хорошо.
Il s'en boit de pire	Пьютъ и такое, которое и похуже.
Le premier que j'ai gouté est assurément excellent	Первое, которое отвѣдалъ ей ей хорошо.
Vous avez raison	Ваша правда,
Je suis de votre sentiment	Я вашего мнѣнія.

En voilà du blanc qui eſt moindre à la vérité, mais il ne laiſſe pas que d'avoir ſon mérite - - -	Вотъ бѣлое, которое хотя и не такъ хорошо, однако и оно годится, не худо.
C'eſt un petit vin de table qui n'incommode jamais	Ето легкое вино, которое не вредитъ
Nous viendrons plus ſouvent vous voir - -	Мы къ вамъ почаще будемъ ходить,
Le plus ſouvent ne ſera que le meilleur - - -	Чѣмъ чаще, тѣмъ намъ пріятнѣе.
Vous ſerez toujours le bien venu , - - -	Мы всегда вамъ ради будемъ.
Je ſuis bien votre très-humble ſerviteur - - -	Покорнѣйшій вашъ слуга
Et moi très-parfaitement le vôtre - - - -	И я равномѣрно вашъ покорнѣйшій слуга.
Au-moins tenez votre parole - - - -	Устойтежъ въ своемъ словѣ.
Vous ne ſauriez mieux faire	Ето всево лутче будетъ
Cela va le mieux du monde - - - -	Ето очень хорошо, изрядно
Voilà qui va à merveille -	То то изрядно.
Ecrivons à qui mieux mieux - - - - -	Станемъ писать кто лутче умѣетъ.
Voyons qui fera le mieux - - - - -	Увидимъ, кто лутче здѣлаетъ,
Il eſt moins gai quand il n'a pas d'argent , que quand il en a - - -	Онъ веселѣе, когда у нево деньги есть, нежели когда нѣтъ.
Cela eſt naturel - - -	Ето не дивно, етому нечево дивиться.
Elle, c'eſt tout le contraire,	Она напротивъ того ,

moins elle a d'argent, plus elle est contente	чѣмъ меньше имѣетъ денегъ, тѣмъ веселѣе.
Que j'en aie, ou que je n'en aie pas, c'est le moindre de mes soucis	Я мало печалюсь, хоть деньги есть хоть нѣтъ.
Tout le monde n'est pas de ce tempérament	Не всякъ такова сложенія.
Plus on a, plus on veut avoir	Чѣмъ кто больше имѣетъ тѣмъ болѣе желаетъ.
Moins de besoins, moins de soucis	Кому мало надобно, у тово не мнѣго и заботъ.
Il faut songer à amasser quelque chose	Надобно что нибудь накопить.
C'est la moindre de mes pensées	О томъ я очень мало думаю.
L'homme propose & Dieu dispose	Не по человѣческому хотѣнію но по божію произволенію дѣла произходятъ
Ce n'est point un mérite que d'être riche; mais c'en est un que de savoir faire un bon usage de ses richesses.	Имѣть богатство не многаго стоитъ, однако оное умѣть употреблять, великое дѣло.
La vertu seule fait le vrai mérite de l'homme	Одна только добродѣтель придаетъ человѣку достоинство.
Quand la vertu est jointe a de beaux talens, elle fait l'homme accompli	Соединенная съ хорощими дарованіями добродѣтель дѣлаетъ человѣка совершеннымъ.

Il est vrai qu'il n'y a rien de parfait sur la terre -	Правда, что въ свѣтѣ все не совершенно.
Cependant nous devons tous tendre à la perfection, chercher à dompter nos passions, à avoir la conscience pure, à nous acquitter constamment de nos devoirs envers Dieu, notre prochain & nous-mêmes	Однако мы должны всѣ стараться о совершенствѣ, укротить свои страсти, имѣть чистую совѣсть, отправлять свою должность въ рассужденïи бога, ближняго своего и самаго себя.

APPENDICE,

ou

RECUEIL DE MOTS

FRANÇOIS ET RUSSES.

ПРИБАВЛЕНІЕ

или

СОБРАНІЕ СЛОВЪ

Французсскихъ и Россïйскихъ.

De l'homme & des ses parties.

О человѣкѣ и его частяхъ.

Le corps	Тѣло
Un cadavre	Мертвецъ
Un squélette . . .	Собранныя кости на проволоку

Les

Les parties externes du corps	Наружныя части тѣла
La peau	Кожа
La tête	Голова
Le visage	Лицо
Le front	Лобъ
Un oeil	Глазъ
Les yeux	Глаза
Les sourcils	брови
Les paupiéres	вѣка
La prunelle	Зрачокъ
Les oreilles	Уши
Le tendon de l'oreille	Хрящъ въ ушахъ
Le poil	Волосы на тѣлѣ
Les cheveux	Волосы
Le poil-follet	Мошекъ
Les tempes	Виски
Les joues	Щеки
Le nez	Носъ
Le tendon du nez	Хрящь въ носу
La bouche	Ротъ
Les lévres	Губы
Le palais	Небо во рту
Les dents	Зубы
Une dent mâcheliére	Коренной зубъ
La gencive	Десна
La mâchoire	Челюсть
La langue	Языкъ
La luette	Язычекъ
Il a la luette abattue	Д него язычекъ упалъ
Le menton	Подбородокъ
La barbe	борода
Le cou, le col	Шея

La gorge	Горло
La nuque	Затылокъ
Les épaules	Плечи
Le dos	Спина
L'épine du dos	Хребетъ
Les vertèbres	Спинные составы
Les bras	Руки
Le coude	Локоть
Le poing	Кулакъ
Une poignée	Горсть
La main	Кисть
La paume de la main	Ладонь
Le dos de la main	Задъ руки
Les doigts	Персты
Le pouce	большой палецъ
Les ongles	Ногти
La poitrine	Грудь
Le ventre	Животъ
Le côté, ou le flanc	бокъ
Le nombril	Пупъ
La hanche	бедра
Les cuisses	Лядвеи
Les genoux	Колѣнки
La jambe	Нога
La palette du genou	Чашка у колѣна
Le gras de la jambe	Икра
L'os de la jambe	берцо
La cheville	Лодышка
Le pied	Нога
Le cou du pied	Плюсна
La plante du pied	Подошва
Les talons	Пяты
Un orteil, un doigt du pied	Палецъ у ноги

L'épi-

L'épiderme	Нечувственная кожа
Une jointure	Составъ
Un os	Кость
La mine	Видъ, образъ, взоръ
Le teint	Краска въ лицѣ
L'air	Взглядъ
Le port	Походка
L'embonpoint	Дородность
La maigreur	Сухощавость
La taille	Станъ
La démarche	Выступка
Les geftes	Ухвати
Les parties internes du corps	Внутреннія части тѣла
Le têt, le crane	Черепъ
Le fang	Кровь
Le cerveau, la cervelle	Мозгъ
Les veines	Жилы
Les artéres	Большія жилы
Le pouls	Пульсъ
Les nerfs	Становыя жилы
Un tendon	Сухая жила
Les mufcles	Мускулы
Le coeur	Сердце
Le poumon	Лехкое
Le diaphragme	Перепонка
Le gofier	Горло
L'eftomac	Желудокъ
Le foie	Печенка
Le fiel	Желчь
La rate	Селезенка
Les boyaux	Кишки
La veffie	Пузырь

La salive	Слюна
Le crachat	Мокрота
La sueur	Потъ
La toux	Кашель
Le rhume	Насморкъ, простуда
La morve	Возгри
Un rot	Рыганïе
Un vent	Вѣтеръ
L'urine	Моча
L'ordure, la merde	Калъ
Les cinq sens	Пять чувствъ
Le sentiment	Чувство
Le toucher	Осязанïе, дотрогиванïе
La vue	Зрѣнïе, видѣнïе
L'ouie	Слухъ
L'odorat	Обонянïе, нюханïе
Le goût	Вкусъ
L'ame	Душа
L'esprit	Умъ
La raison	Разумъ
La pensée	Мысль, дума
Le jugement	Разсужденïе
La volonté	Воля
La mémoire	Память
L'imagination	Воображенïе
Le sens commun	Природной разумъ

De l'univers & des élémens.

О пселенной и стихïяхъ.

Le monde	Свѣтъ, мïръ
Le ciel	Небо
Les planétes	Планеты

Le

Le soleil	Солнце
Les astres	Звѣзды
La lune	Луна, мѣсяцъ
Les étoiles	Звѣзды
Une comète	Комета, звѣзда съ хво: стомъ
Une éclipse	Затмѣнїе
Les élémens	Стихїи
Le feu	Огонь
L'air	Воздухъ
L'eau	Вода
La terre	Земля
Une motte de terre	Глыба земли
Un gazon	Дернъ
La poussiére	Пыль, прахъ
Le sable	Песокъ
De l'argile	Горшечная глина
De la terre grasse	Тучная земля
La mer	Море
Une goute	Капля
Une source	Родникъ, ключъ
Le déluge	Потопъ
Une inondation	Водополь, наводненїе
Un débordement	Разлитїе рѣки
Les météores	Воздушныя явленїя
Le vent	Вѣтеръ
Un tourbillon	Вихрь
Le tremblement de terre	Трясенїе земли
Un arc-en-ciel	Радуга
La pluie	Дождь
La glace	Ледъ
Des patins	Коньки
Le verglas	Гололедица

La neige	-	-	-	-	Снѣгъ
La nue	-	-	-	-	Облако
Le brouillard	-	-	-	-	Туманъ
Le tonnerre	-	-	-	-	Громъ
La foudre	-	-	-	-	Громовая стрѣла
L'éclair	-	-	-	-	Молнія
La grêle	-	-	-	-	Градъ
La gelée	-	-	-	-	Морозъ
La gelée blanche	-	-	-	-	Иней
La rosée	-	-	-	-	Роса
Le chaud	-	-	-	-	Тепло
Le froid	-	-	-	-	Стужа

Du tems & des saisons.

О времени и временахъ годовыхъ.

Le jour	-	-	-	-	День
La nuit	-	-	-	-	Нощь
Le midi	-	-	-	-	Полдень
Le minuit	-	-	-	-	Полнощь
Le matin	-	-	-	-	Утро
Le soir	-	-	-	-	Вечеръ
L'après-dinée	-	-	-	-	Послѣ обѣда
La soirée	-	-	-	-	Вечернее время
Une heure	-	-	-	-	Часъ
Un quart d'heure	-	-	-	-	Четверть часа
Une demi-heure	-	-	-	-	Полчаса
Trois quarts d'heure	-	-	-	-	Три четверти часа
Aujourd'hui	-	-	-	-	Нынѣ, сего дня
Demain	-	-	-	-	Завтра
Après-demain	-	-	-	-	Послѣ завтра
Hier	-	-	-	-	Вчерась
Avant-hier	-	-	-	-	Третьяго дня

Съ

Ce ſoir	Сего вечера
Ce matin	Сего утра
Une ſemaine	Недѣля
Quinze jours	Двѣ недѣли
Trois ſemaines	Три недѣли
Un mois	Мѣсяцъ
Un an	Годъ
Un moment	Моментъ мгновеніе
Une ſaiſon	Время годовое
Le printems	Весна
L'été	Лѣто
L'automne	Осень
L'hiver	Зима
La moiſſon	Жатва
La récolte	Собираніе хлѣба
Le glanement	Собираніе колосовъ
Les vendanges	Собираніе винограда
Un jour de fête	Праздничной день
Un jour ouvrier	Работной день
Le point du jour	Разсвѣтъ
Le coucher du ſoleil	Захожденіе солнца
L'aurore	Заря
Il eſt jour	Ужъ день
Il eſt nuit	Ужъ ночь
Il fait jour	Ужъ разсвѣло
Il fait nuit	Ужъ темно
Il pleut	Дождь идетъ
Il neige	Снѣгъ идетъ
Il grêle	Градъ идетъ
1 tonne	Гремитъ

Des mois & des jours de la semaine.

О мѣсяцахъ и дняхъ недѣльныхъ.

Janvier	Генварь
Fevrier	Февраль
Mars	Мартъ
Avril	Апрѣль
Donner le poisson d'Avril	Обмануть первымъ Апрѣлемъ
Mai	Май
Juin	Іюнь
Juillet	Іюль
Août	Августъ
Septembre	Сентябрѣ
Octobre	Октябрѣ
Novembre	Ноябрь
Décembre	Декабрѣ
Dimanche	Воскресенїе
Lundi	Понедѣльникъ
Mardi	Вторникъ
Mécredi	Среда
Jeudi	Четвертокъ
Vendredi	Пятница
Samedi	Суббота

Noms des fêtes.

Имена праздниковъ.

La nativité de notre Seigneur Jesus-Christ	Рождество Господа нашего Іисуса Христа.
Noel	Рождество
Le nouvel an	Новой годъ
Le jour de l'an	Первой день года

Les

Les étrennes	Подарокъ новаго году
L'épiphanie	Крещенїе
L'apparition de Jesus-Christ	Богоявленїе Господне
La purification, la chande-leur	Срѣтенїе Господне
Le carnaval	Карнавалъ
Le mardi-gras	Заговѣнье
Le carême	Постъ
Les quatre-tems	Четыре времена
L'annonciation	Благовѣщенїе
Le dimanche des rameaux, pâque fleurie	Вербное воскресенїе
Le jeudi-faint	Великїй четвертокъ
Le vendredi-faint	Страстная пятница
La femaine-fainte	Страстная недѣля
Le jour de pâque	Свѣтлое Воскресенїе
L'afcenfion	Вознесенїе
La pentecôte	Сошествїе Святаго духа
La trinité	Троицынъ день
La faint Jean	Ивановъ день
Les fêtes des apôtres	Апостолскїе праздники
La touffaint	День всѣхъ Святыхъ
La veille	Сочельникъ

De Animaux à quatre pieds.

О звѣряхъ четвероногихъ.

Un animal	Звѣрь
Une bête	Скотъ
Une bête à corne	Рогатой скотъ
Une bête féroce	Дикой звѣрь
Un troupeau de bétail	Стадо скотины

Une

Une bête fauvage	Дикой звѣрь
Un agneau	Ягненокъ
Un âne	Оселъ
Une ânesse	Ослиха
Un ânon	Осленокъ
Une be'ette	Ласточка
Un belier	Овенъ
Une biche	Лань
Un bléreau, un taiffon	барсукъ
Un bouc	Козелъ
Une brebis	Овца
Un bufle	буйволъ
Un caftor	бобръ
Une cavale, une jument	Кобыла
Un cerf	Олень
Un chameau	Верблюдъ
Un chamois	Сайга
Un chat	Котъ
Une chatte	Кошка
Un cheval	Лошадь
Une chévre	Коза
Un chevreuil	Серна, дикая коза
Un chien	Собака
Un chien de chaffe	Гончая собака
Une chienne	Сука
Un petit chien	Собачка
Une civette	Выхухоль
Un cochon, un porc	Свинья
Un cochon de lait	Поросенокъ
Un daim	Дикая коза
Un écureuil	бѣлка
Un élan	Лось
Un éléphant	Слонъ

Un

Un étalon, ou un cheval entier	Жеребецъ
Un fân, ou faon	Молодой олень
Une geniſſe	Телица
Une guenon	Мартышка
Une haſe	Заячиха
Un hériſſon, un porc-épic	Іожь
Une hermine	Горностай
Une laie	Супоросная свинья
Un lapin	Королекъ
Un léopard	Леопардъ, барсъ
Un levraut	Зайчикъ
Une levrette	Выжлица
Un levrier	борзая собака
Une licorne	Единорогъ
Un liévre	Заяцъ
Un lion	Левъ
Une lionne	Львица
Un loup	Волкъ
Un loup-cervier, un lynx	рысь
Une loutre	Выдра
Une louve	Волчица
Un marcaſſin	Молодой боровъ
Une martre, ou marte	Куница
Une martre, une zibeline	Соболь
Un mouton	баранъ
Un mulet	Лошакъ
Une mule	Лошачья самка
Un ours	Медвѣдь
Une ourſe	Медвѣдица
Un mulot	Полевая мышь
Un renard	Лисица
Un ſanglier	Кабанъ

Un finge	Обезьяна
Une fouris	Мышь
Une taupe	Кротъ
Un taureau	Быкъ
Un tigre	Тигръ, барсъ
Une vache	Корова
Un veau	Теленокъ
Un verrat	Боровъ
Un ure	Буйволъ
La mue du cerf	Отпаденіе рогъ оленьихъ
La mue des bêtes	Линяніе скота
La bouche du cheval	Лошадиное рыло
La gueule du loup	Волчей ротъ
La gueule du lion	Львиной ротъ
Le mufle du taureau	Бычачье рыло
Le muſeau du chien	Собачье рыло
De la laine	Шерсть
Une corne	Рогъ
Une hure de fanglier	Кобанья голова
Un ongle	Копыто
Un ergot	Щотка у ноги
Le bois du cerf	Оленьи рога
Les défenſes du fanglier	Кабаньи клыки

Des oiſeaux.

О птицахъ.

Un aigle	Орелъ
Une alouette	Жаворонокъ
Un aiglon	Орленокъ
Un autour	Ястребъ
Une autruche	Строусъ птица

Une

Une becasse - - -	Куликъ
Une bergeronette, un hoche-queue - - -	Трясогуска, синица
Un biset - - - -	Горлица
Un butor - - - -	Выпь
Une caille - - - -	Перепелка
Un canard - - - -	Селезень
Une cercelle, une poule d'eau - - -	Нырокъ, утка
Un chapon - - - -	Каплунъ
Un chardonneret - - -	Щегленокъ
Une chauve-souris - -	Нетопырь, лѣтучая мышъ
Une chouëtte - - -	Сова
Un cigne - - - -	Лебедъ
Une cicogne - - -	Аистъ, цапля
Un coq - - - -	Пѣтухъ
Un coq de bois - -	Глухой тетеревъ
Un coq de bruyére - -	Тетеревъ
Un cop d'inde - - -	Индѣйской пѣтухъ
Un corbeau - - -	Воронъ
Une corneille - - -	Ворона
Un coucou - - - -	Кокушка
Un épervier - - -	Копчикъ
Un étourneau - - -	Скворецъ
Un faisan - - - -	Фазанъ
Un francolin - - -	Ряпчикъ
Un geai - - - -	Соя
Une grue - - - -	Журавль
Une grive - - - -	Сѣрой дроздъ
Un hibou - - - -	Сова
Une hirondelle - - -	Ласточка
Une huppe - - - -	Удодъ

Un

Un jars	Гусакъ
Une linotte	Коноплянка
Un loriot	Зяблица
Un martinet	Стрижь
Un merle	Черной дроздъ
Un milan	Коршунъ
Une oie	Гусь
Un moineau, un paſſereau	Воробей
Un paon	Павлинъ
Un pélican	Пеликанъ
Une perdrix	Сѣрая куропатка
Un perroquet	Попугай
Un pic	Дятелъ
Un pic-verd	Зеленой дятелъ
Une pie	Соробка
Un pigeon	Голубь
Un pigeonneau	Голубенокъ
Un pinçon	Зяблица
Un plongeon	Нырокъ
Une poule	Курица
Un poulet	Цыпленокъ
Un pouſſin	Цыпленочекъ
Un ramier	Горлица
Un roitelet	Малиновка
Un roſſignol	Соловей
Un rouge-gorge	Снигирь
Un ſerin	Чижикъ
Un ſerin de canaries	Кенарейка
Une tourterelle	Египецкой голубь
Un vanneau	Пиголица
Un vautour	Коршунъ
De la volaille	Птицы, дичина
Le bec	Носъ

La

La crête	Гребень
La huppe	Хохолъ
L'aîle	Крыло
Le jabot	Зобъ
Le gosier	Горло
Le pied	Нога
Les serres, les griffes	Когти
Une plume	Перо
Le plumage	Перья
Le duvet	Пухъ
Un oeuf	Яицо
La coquille	Скорлупа яичная
Le blanc	Бѣлокъ
Le jaune	Желтокъ
Les oiseaux s'apparient	Птицы понимаются
La femelle pond les oeufs & les couve	Самка птицы несетъ и высиживаетъ
Un nid	Гнѣздо
Une nichée	Гнѣздо съ птицами
Un appellant	Приманная птица
Une trappe	Западня
Un piége	Силокъ
Un appeau	Приманная утка

Des insectes & vermines.

О несѣкомыхъ.

Une abeille, une mouche à miel	Пчела
Un essaim	Рой
Une ruche	Улей
Chatrer une ruche	Улей подбирать

Une

Une araignée	Паукъ
Une toile d'araignée	Паутина
Un bourbon	Шершень
Une cantaride	Шпанская муха
Un cerf-volant	Рогатой жукъ
Un charenſon	Саранча
Une chenille	Гусеница
Une cigale, une ſautarelle	Кузнечикъ
Un ciron	Чернь
Un couſin, un moucheron	Комаръ
Un eſcarbot	Жукъ
Un fouille-merde	Навозной жукъ
Une fourmi	Муравей
Une fourmilliére	Муравейникъ
Un frêlon	Оводъ
Un grillon	Сверчекъ
Une guêpe	Оса
Un guillot	Сырной червь
Un hanneton	Жукъ
Une lente	Гнида
Une mite	Червякъ обощной
Une mouche	Муха
Un papillon	бабочка
Un pou	Вошъ
Une puce	блоха
Une punaiſe	Клопъ
Une ſang-ſue	Піявица
Un ſcorpion	Скорпіонъ
Un taon	Оводъ
Une tigne	Моль
Un ver	Червь
Un vermiſſeau	Червячекъ
Un ver à ſoie	Шелковой червь

Un

Un ver de bois	Деревоточной червь
Un ver de terre	Земляной червь
Un ver luisant	Свѣтлой червь

Des animaux reptiles.

О пресмыкающихся.

Un aſpic	Аспидъ
Un baſilic	Василискъ
Un crocodile	Крокодилъ
Une couleuvre	Змія
Un crapaud	Жаба
Un dragon	Драконъ
Un eſcargot	Улитка
Une grenouille	Лягушка
Un leſard	Ящерица
Un limaçon	Улитка
Une salamandre	Саламандра
Un ſerpent	Змія
Une tortue	Черепаха

Du jardinage, des fleurs & des arbres.

О садахъ, цвѣтахъ и деревахъ.

Un jardin, un verger	Садъ
Un potager	Огородъ
Une vigne	Винница
Un parterre	Цвѣтникъ
Une planche	Гряда
Une couche	Парникъ
Un eſpalier	Шпалеры
Une fleur	Цвѣтокъ

Un bouton de fleur	Цвѣточная голова
Ce bouton s'épanouit	Сей цвѣтокъ разцвѣтаетъ
Il est éclos	Онъ разцвелъ
Une amarante	Амарантъ
Un bluët	Василекъ
Une camomille	Хамелеонъ, рамашка
Une campanelle	Колокольчикъ
La grenadille	Пасïонъ цвѣтъ
L'hyacinthe	Яцинтъ
Le jasmin	Шесминъ
Une jonquille	Желтой нарцисъ
Un lis	Лилея
Un narcisse	Нарцисъ
Un oeillet	Гвоздика
Le pavot	Макъ
Une pivoine	Пïонъ
Une rose	Роза
Une tubereuse	Тубероза
Un tournesol	Подсолнечникъ
Une tulipe	Тюльпанъ
Une violette	Фïалка
Un arbre	Дерево
Un arbrisseau	Кустъ
La racine	Корень
Le tronc	Пень
Une branche	Сукъ
Un rameau	Вѣтвь
Un tendron	Отростокъ
Une feuille	Листъ
L'écorce	Корка
La poulpe	Дерево подъ коркою
La moelle	Сердце

Un

Un abricotier	Абрикозовое дерево
Un amandier	Миндальное дерево
Une aube-épine	Терновникъ
Un aune	Ольха
Le buis	Зеленица
Un bouleau	Береза
Un cédre	Кедръ
Un cerisier	Вишня
Un châtaignier	Каштанъ
Un chêne	Дубъ
Un citronnier	Цитронное дерево
Un coudrier, un noisettier	Орещникъ
Un cyprès	Кипарисъ
Un datier	Финикъ
Un érable	Кленъ
Un fau	Букъ
Un figuier	Фиговое дерево
Un frêne	Ясень
Un grenadier	Гранатное дерево
Un genevrier	Можжевельникъ
Un groseillier	Смородинникъ
Un laurier	Лавръ
Du liége	Корковое дерево
Un myrte	Миртовое дерево
Un noyer	Грецкое дерево
Un olivier	Оливковое дерево
Un oranger	Померанцовое дерево
Un orme	Вязъ.
Un palmier	Пальмовое дерево
Un pêcher	Персиковое дерево
Un pin	Сосна
Un poirier	Груша
Un prunier	Слива

Une

Une ronce	Малиновой кустъ
Un rosier	Розовой кустъ
Un sapin	Ель
Un saule	Ветла, ива
Un tilleul	Липа
Un tremble	Осина
Une vigne	Виноградъ
Une allée	Аллея
Une feuillée	бесѣдка
Un petit bois	Роща
Le frais	Холодокъ
L'ombre	Тѣнь
Une fontaine	Фонтанъ
Les canaux	Каналы

Les couleurs.

Цвѣты.

Blanc	бѣлой
Noir	черной
Rouge	Красной
Verd	Зеленой
Jaune	Желтой
Bleu	Синей, васильковой
Bleu-mourant	блеморантовой
Brun	Гвоздичной
Gris	Сѣрой
Violet	Фіалетовой
Incarnat	Тѣлесной
Couleur de chair	Мясной цвѣтъ
Ponceau	Пунцовой
Couleur d'orange	Померанцовой

Feuille-

Feuille-morte	блѣдножелтой
Couleur d'olive	Оливковой
Couleur de paille	Соломенной
Couleur de rofe	Розовой
Cramoifi	Кармазинной
Minime	Каштановой цвѣтъ
Couleur de feu	Огневой цвѣтъ
Céladon, ou verd de mer	бирюзовой цвѣтъ
Gris cendré	Пепельной
Couleur de brique	Кирпичной
Couleur de cerife	Вишневой
Colombin	Голубой
Gris de perle	Жемчужной
Couleur de foufre	Сѣрожелтой
Verd gai	Свѣтлозеленой
Verd d'herbe	Зеленой
Verd brun	Темнозеленой

Des métaux.

О рудахъ.

L'or	Золото
L'argent	Серебро
Le fer	Желѣзо
Le plomb	Свинецъ
De la cérufe	бѣлилы
Du blanc d'efpagne	бѣлилы
Le bronze	Колокольная-мѣдь
Le cuivre	Красная мѣдь
L'airain	Мѣдная руда
L'étain d'angleterre	Аглинское олово
L'acier	Сталь

Le

Le vif-argent	Ртуть
L'aimant	Магнитъ
Le fer-blanc	Жесть
Le fil-d'archal	Проволока
Le soufre	Сѣра
Le verd de gris	Ярь веницейская
Le verre	Стекло

Des poissons.

О рыбахъ.

Un poisson	Рыба
Un poisson laité, ou mâle	Рыба молочная, или самецъ
Un poisson oeuvé, ou femelle	Рыба съ икрою, или самка
Un albe	бѣлая рыбица
Une anguille	Угорь
Une baleine	Китъ
Une brême	Лещъ
Un brochet	Щука
Un brocheton	Щучка
Un chabot	Снятокъ
Un cancre	Ракъ
Un congre	Морской угорь
Une carpe	Сазанъ
Un carassin	Карась
Un dauphin	Дельфинъ
Une écrevisse	Ракъ
Les écrevisses font en mue	Раки линяютъ
Un éturgeon	Осетръ

Un

Un gardon -	Плотица
Un goujon -	Пискарь
Un hareng -	Сельдь
Un hareng sauret -	Поровая сельдь
Un hareng fumé -	Копчоная сельдь
Un homard -	Морской ракъ
Une huître -	Устрица
Une lamproie -	Вьюнъ, миноги
Une loche -	Уклейка
Le merlus -	Треска
De la morue -	Свѣжая треска
Une moule -	Раковина
Une perche -	Окунь
Une sardine -	Анчоусъ
Un saumon -	Семга
Une tanche -	Линь
Une truite -	Форелъ
Un aileron -	Рыбье перо
Une écaille -	Рыбья чешуя
Une arête -	Рыбья кость
Les poissons fraient, ou font des oeufs -	Рыбы мечутъ икру
Éventrer un poisson -	Рыбу потрошить
La laitance, la laite -	Рыбьи молоки
Les oeufs -	Икра
L'amer -	Желчь
Les serres des écrevisses -	Раковыя клещи
Une hure de brochet -	Щучья башка
Une hure de carpe -	Сазанья башка
Une hure de saumon -	Семужья башка

DIALOGUES FAMILIERS.

1. *Dialogue.*	1. *Разговоръ.*
Où allez-vous si matin ?	Куда вы такъ рано идете ?
Je vais en classe	Я иду въ классъ.
A quelle heure devez-vous y être ?	Въ которомъ часу должны вы тамъ быть ?
Lorsque la cloche sonne	Какъ звонокъ ударитъ.
A quelle heure sonne-t-elle ?	Въ которомъ часу звонокъ бъетъ,
A sept heures	Въ семь часовъ.
Les écoliers qui arrivent après la cloche sonnée, sont-ils punis ?	Ученики, кои приходятъ по пробитіи звонка, бываютъ ли наказаны ?
Le précepteur les fait mettre à genoux,	Учитель ихъ ставитъ на колѣни,
Y restent-ils long-tems ?	Долго ли они такъ стоятъ ?
Jusqu'à ce que le maitre leur permette de se lever.	До того времяни, какъ учитель имъ позволитъ встать.
Que faites-vous en classe d'abord après la cloche sonnée ?	Что вы дѣлаете въ классѣ по пробитіи звонка ?
On commence à réciter les leçons	Начинаютъ читать уроки.
Que fait on à ceux qui n'ont pas appris leurs leçons ?	Что тѣмъ дѣлаютъ, кои уроковъ своихъ не выучаютъ ?
Le maître les punit à sa volonté ?	Учитель ихъ наказываетъ по своей волѣ.

Que

Que faites-vous ensuite ? -	Что вы дѣлаете потомъ.
Le maître corrige le thême, qu'il nous a donné à faire à la maison. -	Учитель поправляетъ тему, которую онъ намъ задалъ дѣлать дома.
Corrige-t-il celui de chaque écolier en particulier ? - - - -	Всякаго ли ученика тему особливо поправляетъ
Non, cela prendroit trop de tems. - - - -	Нѣтъ, такъ будетъ много времяни.
Comment fait-il donc ? -	Какъ же онъ дѣлаетъ ?
Il fait lire le thême à deux ou trois écoliers, & tous les autres alors corrigent le leur. - - - -	Онъ велитъ читать тему двумъ или тремъ ученикамъ, а протчіе всѣ должны тогда по ней свои поправлять.
Ne faites-vous pas autre chose ? - - - -	Не дѣлаете ли бы еще чего ?
Alors le maître nous dicte un thême pour le lendemain. - - - -	Тогда учитель намъ диктуетъ тему къ завтрему.
Où faites vous ce thême ? -	Гдѣ вы ее дѣлаете ?
A la maison. - - -	Дома.
Ne vous assigne-t-il pas quelqu'autre leçon d'une classe à l'autre ? - -	Не назначаетъ ли онъ вамъ какова инаго уроку къ другому классу ?
Il nous donne toujours quelque chose à apprendre par coeur. - - -	Онъ намъ даетъ всегда что нибуть учить наизусть.
Pourquoi cela ? - - -	Для чего это ?
Pour cultiver & enrichir notre mémoire. - -	Чтобъ пріучить и набогатить нашу память.

Ne

Ne fait-on pas autre chose en classe ?	Не дѣлаютъ ли еще инаго чего въ классѣ.
Le maître explique ensuite les régles de la grammaire jusqu'à neuf heures.	Учитель толкуетъ потомъ грамматическіе правила даже до девяти часовъ.

2. Dialogue. — 2. Разговоръ.

Monsieur, on vous appelle pour dîner.	Мой господинъ! васъ зовутъ обѣдать.
Quelle heure est-il ?	Которой часъ ?
Il est midi & demi.	Полчаса перваго.
Pourquoi dîne-t-on aujourd'hui de si bonne heure ?	Для чего кушаютъ сего дня такъ рано ?
Parce que votre frére aîné doit partir pour la campagne	Для того, что вашъ большой братъ долженъ ѣхать въ деревню.
A-t-on déjà servi ?	Да готово ли кушанье ?
Oui, Mr., on est à table	Да М. Г. уже сѣли за столъ.
Vous vous faites bien attendre	Васъ надобно долго дожидаться.
Je vous demande pardon; j'apprenois ma leçon.	Прошу меня простить, я училъ мой урокъ.
Souhaitez-vous de la soupe?	Изволите ли вы супу ?
Je vous prie de me donner du jambon	Пожалуйте дайте мнѣ ветчины.
Pourquoi ne mangez-vous point de soupe ?	Для чего вы не кушаете супу.
Parcequ'il y a du persil, &	Для того что въ немъ есть петрушка, а вы

vous

vous favez qu'il m'incommode. - - - - | знаете, что она мнѣ противна

Ce ragoût eſt-il bon? - | Хорошъ ли этотъ соусъ?

Il eſt trop falé - - - | Онъ очень солонъ.

Découpez cette poule. - | Разрѣшите эту курицу.

Elle eſt fort tendre. - - | Она очень мягка.

Eſt-elle bien cuite? - - | Гораздо ли уварена?

Fort bien. - - - - | Весьма изрядно.

Voulez-vous boire? - - | Не изволите ли пить?

Souhaitez-vous de la biére? | Изволите ли пива?

Du vin blanc? - - - | Вина бѣлаго?

Du vin rouge? - - - | Вина краснаго?

De l'hydromel? - - - | Меду?

Demandez ce que vous voudrez. - - - - | Спросите чего изволите.

Je boirai de l'hydromel. - | Я выпью меду.

Je ne bois point de vint rouge, j'aime mieux le blanc. | Я не пью вина краснаго, я люблю лутче бѣлое.

Le rouge m'incommode. - | Красное мнѣ противно.

Le blanc ne m'a jamais fait de mal. - - - | Бѣлое ни когда мнѣ не вредило.

Mr. j'ai l'honneur de boire à votre fanté. - - - | М. Г. я имѣю честь пить за ваше здоровье.

Je vous remercie. - - | Я благодарствую

J'ai l'honneur de boire à la vôtre. - - - - | Я имѣю честь пить за ваше.

Cet hydromel eſt excellent, - - - - | Этотъ медъ очень хорошъ,

Ce vin rouge eſt un peu aigre, - - - - | Вино красное нѣсколько кисло,

Aimez-vous la biére d'angleterre? - - - - | Любитель вы аглинское пиво?

Non, Mr. elle eſt trop forte. - - - -	Нѣтъ М. Г. оно весьма крѣпко.
Le café eſt-il prêt ? - -	Поспѣлъ ли кофе?
Allons le prendre. - -	Пойдемъ пить.

3. Dialogue.	3, Разговоръ.
Savez-vous votre leçon ? -	Знаете ли вы свой урокъ?
Non, Mr. je n'ai pas eu le tems de l'apprendre. -	Нѣтъ М. Г. я не имѣлъ времяни ево выучить.
Pourquoi n'avez-vous pas eu le tems de l'apprendre ? - - -	Для чево не имѣли вы времяни ево выучить?
Parce que j'ai été tout le jour en viſite avec ma chére mére. - - -	Для того что я былъ во весь день съ матушкою въ гостяхъ.
Votre chére mére a tort, de vous faire négliger votre devoir. - - -	Ваша матушка въ томъ не имѣетъ права, что бы вы для ее оставили вашу должность.
Mais ce que vous dites, eſt-il bien vrai ? - - -	Однако правда ли то, что вы говорите?
Voila un billet de ma chére mére, qui vous en convaincra. - - - -	Вотъ цыдулка отъ моей матушки, которая васъ въ томъ увѣритъ.
Je veux bien recevoir cette excuſe aujourd'hui, ſoyez plus diligent une autre fois.	Я теперь сïе извиненïе прïиму, только будьте прилѣжнѣе впредь.
Je n'y manquerai pas. -	Я того не премину.
Quand eſt-ce que votre chére mére part pour la campagne ? - - -	Когда ваша матушка ѣдеть въ деревню?

Elle

Elle partira à la fin du mois.
Она поѣдешъ въ послѣднихъ числахъ мѣсяца.

Y restera-t-elle longtems?
Долго ли она тамъ проживетъ?

Jusqu'aux fêtes de Noël.
До святокъ.

Où demeurerez-vous pendant son absence?
ГДѢ вы будете жить во время ея отсутствія?

Chez mon cher oncle.
У моего дядюшки.

Où demeure-t-il?
ГДѢ онъ живетъ?

Près de la porte rouge
У красныхъ воротъ.

Avez-vous acheté les livres, qui vous sont nécessaires?
Купили ли вы книги, которыя вамъ надобны?

Pas encore.
Нѣтъ еще.

Pourquoi ne les avez-vous pas achetés?
Для чего же вы ихъ не купили?

Parce qu'on ne les trouve pas à Moscau.
Для того, что ихъ въ москвѣ нѣтъ.

D'où les ferez-vous donc venir?
Откуда же вы ихъ получите,

De St. Pétersbourg.
Изъ Санктпетербурга.

Pourquoi venez-vous en classe si tard & sans papier?
Для чего вы приходите въ классъ такъ позно и безъ бумаги?

Mon cousin m'en donnera.
Мой братецъ мнѣ дастъ.

Pourquoi n'apportez-vous point votre écritoire?
Для чего вы не приносите вашей чирнильницы?

Je l'ai oubliée à la maison.
Я ее забылъ дома,

Vous avez fort mal fait.
Вы здѣлали весьма худо.

Un écolier fans encre & fans papier eft comme un foldat fans armes. - -	Ученикъ безъ чернилъ и безъ бумаги такъ какъ салдатъ безъ ружья.

4. Dialogue.

4. Разговоръ.

Pourquoi vous levez-vous fi tard ? - - - -	Для чего вы встаете такъ поздо?
Parce que je n'ai pas pu me coucher de bonne heure.	Для того, что мнѣ не можно было лѣчь спать рано.
Qui vous en a empêché?	Кто вамъ въ томъ препятствовалъ?
J'ai été à la promenade après foupé avec mon cher pére. - - -	Мы съ батюшкомъ послѣ ужины прогуливались.
Vous auriez mieux fait de vous priver du plaifir de la promenade. - -	Вы бы лутче здѣлали, когдабъ оставили веселость гулянья.
Je vous demande pardon.	Прошу меня проститъ.
Une autre fois je me coucherai de bonne heure, afin de me lever de bon matin. - - - -	Впредь я буду ложиться ранѣе, чтобъ вставать не поздо.
Vous ferez fort bien. -	Вы здѣлаете весьма изрядно.
Il ne faut jamais que le plaifir nous engage à négliger notre devoir. - -	Никогда не надобно, чтобъ веселье насъ принуждало оставлять нашу должность.
Il faut s'accoutumer à s'en priver dans la jeuneffe.	Должно привыкать убѣгать того въ молодости.

La jeunesse est un tems précieux. -

Юность время драгоцѣнное.

Si vous perdez vos premiéres années, vous vous en repentirez dans la suite. -

Когда вы первые ваши годы потеряете, то напослѣдокъ непремѣнно раскаетесь.

M., je vous suis bien obligé de l'interêt que vous prenez à ce qui me regarde.

М. Г. я вамъ весьма долженъ за участіе, которое вы пріемлете въ моемъ благополучіи.

Je me ferai toujours un devoir de me conformer à vos conseils. -

Я за должность себѣ считать буду, чтобъ полагаться на вашихъ совѣтахъ.

Je vous ai dit souvent, que l'oisiveté est la mére de tous les vices.

Я вамъ многократно говаривалъ, что лѣность мать всѣхъ пороковъ.

J'éviterai toujours avec soin de m'en rendre coupable.

Я всегда буду стараться, чтобъ не здѣлаться въ томъ виновнымъ.

Vous savez que votre bonheur dépend des progrès que vous ferez. -

Вы знаете, что ваше благополучіе зависитъ отъ успѣховъ, которые вы здѣлаете.

Je vous promets de m'appliquer toujours avec soin.

Я вамъ обѣщаюсь всегда быть прилѣжнымъ.

Quand on est jeune il faut travailler pour soi.

Во младости должно трудиться для себя.

Vous m'avez souvent dit que c'étoit le seul moyen

Вы мнѣ часто говаривали, что то единое

de pouvoir dans la suite être utile au public. -

Un des premiers devoirs de l'homme, c'est de servir sa patrie. - - -

Ne feriez-vous pas bien fâché, de ne pouvoir jamais lui rendre aucun service. - - - -

Je me haïrois. moi-même, si je me trouvois dans un si triste état. - - -

Vous penfez très-bien ; mais il ne fuffit pas de bien penfer, il faut agir en conféquence. - -

Je vous prie de m'aider toujours de vos confeils.

Vous pouvez toujours difpofer de moi, je vous affure que ma reconnoiffance ne finira qu'avec ma vie. - - -

средство, которымъ напослѣдокъ здѣлаться можно полѣзнымъ обществу.

Сія первѣйшая человѣку должность, чтобъ служить своему отечеству.

Не прискорбно ли вамъ будетъ, когда вы не въ состояніи будете никогда ему никакой услуги оказать.

Я бы самъ себя возненавидѣлъ, есть ли бы нашолся въ такомъ случаѣ.

Вы разсуждаете весьма изрядно, но того не довольно, слѣдовательно по тому поступать должно.

Я прошу вспомоществовать мнѣ всегда вашими совѣтами.

Вы можете всегда считать меня въ вашихъ повелѣнїяхъ, я васъ увѣряю, что моя чувствительность не окончится, какъ съ моею жизнїю.

SEN-

SENTENCES	ПРА́ВИЛА
morales.	*нрапоучи́телныя.*

1.	**1**
La crainte de Dieu eſt le commencement de la ſageſſe.	Страхъ бо́жїй есть начало премудрости.
2.	**2**
La ſcience eſt d'un ſi haut prix, que perſonne ne la vend pour de l'argent.	Наука есть такой высокой цѣны, что ее никто за деньги не продаетъ.
3.	**3**
Qui fait attention ſur ce qui ſe paſſe dans le monde, en prend exemple pour faire le bien, ou pour éviter les défauts qu'il y remarque.	Тотъ, которой примѣчаетъ свѣтскїя обращнїя, беретъ изъ того примѣръ добра дѣлать, или удаляться отъ погрѣшностей кои во ономъ усматриваетъ.
4.	**4**
Il faut plutôt s'attacher à embellir l'ame que le corps.	Лутче стараться ду́шу украсить, нежели тѣло.
5.	**5**
Ce ſont deux défauts que de ſe fier à tout le monde, & de ne ſe fier à perſonne.	Сїи суть два порока, себя ввѣрять всякому, и никому себя не ввѣрять.
6.	**6**
Avant que de choiſir des	Прежде нежели себѣ amis

amis, on doit considérer leurs moeurs.

друзей, выберешь, надлежитъ смотрѣть на ихъ нравы.

7

De deux mauvais chemins, il faut suivre le plus sûr & plus aisé.

Изъ двухъ худыхъ дорогъ надобно надежнѣйшею, и способнѣйшею слѣдовать.

8

Frein doré ne rend pas le cheval meilleur, & habit brodé ne rend pas le fou plus sage.

Лошадь не бываетъ лутче отъ златой узды, ни дуракъ умнѣе для богатаго платья.

9

Les grands vanteurs font de petits faiseurs.

Великіе хвастуны мало могутъ дѣлать.

10

Le vin vieux, la vieille monnoie & les vieux amis, emportent toujours le prix.

Старое вино, монета, идрузья берутъ преимущество.

11

Il faut sagement conserver ce qu'on a utilement acquis.

Надобно весьма разумно сохранять то, что къ пользѣ достали.

12

Le corps s'engraisse à force de dormir, mais l'esprit s'augmente à force de veiller.

Тѣло жирѣетъ отъ многато сна; но разумъ прибавляется отъ многато труда.

13

On cherche des richesses, & on ne les trouve

Ищутъ богатсва, не находятъ, однако,

pas;

pas ; cependant, chose étrange ! on ne cherche pas la fin de ses jours, & on la trouve.

14.

Ne vous laissez pas séduire par la multitude, parce que vous serez seul quand vous mourrez, & quand vous rendrez votre compte.

15.

Ne méprisez personne en quelque état de bassesse qu'il soit ; la fortune peut l'élever, & vous abaisser.

16.

Pour arriver au comble de la sagesse, il ne faut ni trop manger ni trop dormir, ni trop boire ni trop parler.

17.

Un livre est le meilleur des amis ; vous vous entretenez agréablement avec lui, lorsque vous n'avez pas un ami à qui vous puissiez vous fier ; il ne révéle

---

вещь странная ! не ищутъ конца дней своихъ, а находятъ.

14.

Не отдавай себя во искушенïе протчимъ, ибо ты будешь одинъ, когда умирать станешь, и когда отчетъ будешь свой давать.

15.

Не презирай никого, хоть бы въ какомъ униженномъ состоянïи былъ кто, щастïе можетъ его возвысить, а тебя унизить.

16.

Ежели достичь до мудрости, то не надобно лишно ѣсть, ни лишно спать, ни лишно пить и ни лишно говорить.

17.

Книга есть лутчей другъ, ты съ нею прïятно разговариваешъ, когда не имѣешь друзей, кому бъ могъ себя ввѣрить, она не от-

pas

pas vos fecrets, & il vous enfeigne la fageffe.

кръваетъ твоихъ таинствъ и научаетъ тебя мудрости.

18.

La fcience a cet avantage, qu'elle fait que ceux qui la poffédent, commandent à ceux auxquels ils font foumis.

28.

Наука имѣетъ сїю пользу, что тѣ, кои ею владѣютъ, повелѣваютъ тѣми, коимъ сами подвержены.

19.

Le refpect & la civilité entre les amis, doivent être de l'un & de l'autre côté.

19.

Почтенїе и учтивость между друзьями должны быть съ обѣихъ сторонъ.

20.

Apprenez par les malheurs des autres, ce que vous ne voulez aprendre à vos dépens.

20.

Научайся нещастїями другихъ тому, чего ты собою не хочешъ научиться.

21.

Apprenez à fupporter conftamment les changemens de la fortune.

21.

Научайся спокойно сносить перемѣны щастїя.

22.

Qui ne combat point, ne remporte pas la victoire; & qui ne travaille point, ne remporte pas le gain.

22.

Кто не бьется тотъ не получаетъ побѣды, и кто не трудится, тотъ прибытка не получаетъ.

23.

Le repos eft doux après la fatigue.

23.

Покой прїятенъ послѣ трудовъ.

24.

Reconnoissez un Dieu, retenez votre langue, réprimez votre colére, faites acquisition de la science, demeurez ferme dans votre religion, abstenez-vous de faire le mal, fréquentez les bons, couvrez les défauts de votre prochain, soulagez les pauvres de vos aumônes, & attendez l'éternité pour récompense.

24.

Признавай единаго бога, сократи языкъ твой, удержи гнѣвъ твой, снискивай себѣ науки, будь крѣпокъ въ законѣ своемъ, удержися отъ худаго дѣла, сбходися съ добрыми, покрывай грѣхи ближняго твоего, дѣлай вспоможеніе бѣднымъ милостынею твоею, и ожидай вѣчности для мздовоздаянія.

LES CHIFFRES LATINS.

ЧИ́СЛА ЛАТИНСКІЯ.

I. II. III. IV. V. VI. VII. VIII. IX. X.
XI. XII. XIII. XIV. XV. XVI. XVII. XVIII.
XIX. XX. XXX. XL. L. LX. LXX. LXXX.
XC. C. CC. CCC. CCCC. Ð. ÐC. ÐCC.
DCCC. DCCCC. M.

MDCCLXIV.

LES CHIFFRES COMMUNS
OU ARABES.

ЧИ́СЛА ОБЩІЯ, ТАКЪ НАЗЫВАЕМЫЯ
АРАПСКІЯ.

1. 2. 3. 4. 5. 6. 7. 8. 9. 10. 20.
30. 40. 50. 60. 70. 80. 90. 100.
200. 300. 400. 500. 600. 700. 800.
900. 1000.

TABLE

TABLE
DE MULTIPLICATION.

ТАБЛИЦА
УМНОЖЕНІЯ.

1	2	3	4	5	6	7	8	9
2	4	6	8	10	12	14	16	18
3	6	9	12	15	18	21	24	27
4	8	12	16	20	24	28	32	36
5	10	15	20	25	30	35	40	45
6	12	18	24	30	36	42	48	54
7	14	21	28	35	42	49	56	63
8	16	24	32	40	48	56	64	72
9	18	27	36	45	54	63	72	81

De la [illegible] e [illegible] tout [illegible]
[illegible] de [illegible]
autorité à [illegible] et de [illegible] que [illegible]
Jamais [illegible] de Paris [illegible]
[illegible] que [illegible] en [illegible]

et [illegible] pour les [illegible]

De les [illegible] trop [illegible]
et fut malade [illegible]
[illegible]

www.ingramcontent.com/pod-product-compliance
Ingram Content Group UK Ltd.
Pitfield, Milton Keynes, MK11 3LW, UK
UKHW020208130726
13696UKWH00002B/795